JN205383

50代でも間に合う!

豊かな定年後のために

株デイトレード入門

紫垣英昭
Shigaki Hideaki

秀和システム

はじめに

◆株式投資ブームに隠された落とし穴

２０２４年2月、日経平均株価はとうとう4万円台に突入しました。バブル経済絶頂期の１９８９年12月以来、約34年ぶりの最高値更新です。連日、新聞やテレビで話題となり、そのニュースの影響か、「株式市場に参入しよう」と意気込む方も増えています。

しかし、上がりすぎた株は必ずどこかで下がるもの。たとえ今、株が上昇傾向にあったとしても、永遠に上がり続ける株というのは存在しないのです。

つまり、「この波に乗り遅れたくない」と安易な気持ちで参入してしまえば、一度は大きなしっぺ返しを食らう可能性が高いのではないでしょうか。

現に２００８年に起きたリーマンショックでは、株式市場は歴史に残る大暴落を記録し、その結果、多くの個人トレーダーが市場から退場していく姿を私は目の当たりにしました。

◆50代・初心者でも資産を毎日増やせる「たった1つの方法」とは？

では、個人トレーダーが生き残る方法はないのか？

市場の影響を受けずに資産を増やす方法はないのか？

そもそも、株の初心者は、参入するべきではないのか!?

その答えは自信を持ってＮＯ！

たった1つだけ生き残る方法があります。そして、その方法は「定年まで時間的余裕がない50代以上の方でも資産を毎日増やす」ことが可能なのです。

それがこの本で説明する「株のデイトレード」という投資方法です。

本書は、50代以上の中高年に向けた「株のデイトレード」を成功させるための解説本です。

「デイトレード」とは、1日でトレードを完結させるスタイルのことで、少額資金であっても高速で何回もトレードできる、極めて効率性の高いトレードが実現できます。

株が上がると思ったら間髪入れずに買いエントリー、または株が下がると思ったら空売りでエントリーして、1分後、5分後にはさっさと利益確定を行うといった具合です。

本書の目的は、中高年でもこの「デイトレード」を活用して、『爆発的に稼ぐ』ための方法をお伝えすることです。

◆毎月10～20万円の利益を出す人が続出！

とはいえ「年齢を重ねるごとに、新しいことを覚えるのが大変に感じる」「本当に初心者でもデイトレードで利益を出せるのか不安……」と思っている方もいるのではないでしょうか？

ご安心ください。これまでの経験を踏まえて断言できます。相場の上げ下げにかかわらず、毎日お金を生み出すことができるのが「株のデイトレード」です。

もちろん１００％の確率で稼げる手法というものではありませんし、世の中に確実と言えるものは存在していません。もしそんな投資法があるのなら、おそらくそれは危険な罠でしょう。

大切なのは、正しい根拠に基づいたルールと手法。このことを理解していれば、高確率で資産を増やすことができるのは、間違いありません。

私は投資家としての36年以上の経験則を元に、初心者用にアレンジをして、ローリスクで勝負できる手法を開発してきました。

事実、私が主催する投資スクールの受講生たちは、「紫垣流デイトレード手法」を身に付け、毎月10~20万円の利益を出すことに成功しています。中には2カ月で300万円もの利益で得ている受講生もいらっしゃいます。

◆経済的に不自由しないセカンドライフを送るために

とはいえ、デイトレードはいきなり大きな利益を狙えるものではありません。

ただし利益を積み重ねることで、長い目で見て資金が2倍、3倍と大きく増えていく。それが大きな魅力です。

もちろん、すぐに使えなくなるような小手先の手法ではありません。元証券ディーラー出身という株のプロの視点から見ても、どのような相場の変動が来ても変わらない、一生ものの普遍的なトレード手法です。

本書では、投資経験がまったくない50~60代の方でも、トレードをやっているけれど負け続けている方でも、元手になる資金をローリスクで守り、さらにコツコツ増やせるデイトレード攻略法をご紹介します。

間もなくやってくる老後に備え、経済的に不自由しない安心感を得ながらセカンドライフを充実させていく。そんな未来を、あなたにつかんでいただくことが私の願いでもあります。

ぜひ、本書をきっかけに、新たな一歩を踏み出してください。一緒に豊かな人生を謳歌できることを切に願っております。

2024年8月

紫垣　英昭

50代でも間に合う！株デイトレード入門　目次

第2章 「株のデイトレード」の魅力とは …… 33

第3章　「株のデイトレード」の準備をしよう！ 63

第4章 紫垣流デイトレードの「チャート設定法」と「銘柄選択手法」 105

第5章 紫垣流デイトレードの「エントリー手法」と「利益確定法」 157

第6章 デイトレードで勝ち続けるためのマインドセット

人に
ドがお勧めなのか

Back to blog categories
Why Day Trading is Recommended for People in Their 50s
08 August 2024

01 将来の経済的不安を抱えるあなたへ

◆インフレで定年後の経済的不安が増してきた

今、日本の株式市場は勢いを増しています。日経平均株価はバブル時代、1989年12月の最高値である3万8915円を突破し、4万円台まで駆け上がるなど、凄まじい上昇を見せました。文字通り、日本の株式市場は未知の領域に突入し、今後さらなる株価の上昇が期待されています。

しかし、そのような華々しい状況がある一方、歴史的な円安により、国民の多くがガソリンや食料品、日用品などの物価高によって苦境に立たされています。物価が上がった分、収入も増えればいいのですが、多くの中小企業は賃上げすることも容易ではありません。

日経平均株価の推移

物価だけがどんどん上がっていき、一般庶民の生活はどんどん苦しくなっています。

今後、さらにインフレが進むことに疑いの余地はありません。当然、50代以上の中高年には定年後の経済的不安が押し寄せています。私たちは、そういう時代を生きているのです。

◆デイトレードは不安から解放されるための最高の武器

私自身、バブル経済の時に証券会社に入社をしている中高年の端くれです。入社して間もなくバブルが崩壊し、大規模なリストラが行われるなど、日本経済のどん底を経験しました。その後もＩＴバブル崩壊、リーマンショックなど、あらゆる経済的な困難を経験しています。私たちの年代は、かなりお金に苦労した年代と言えるのではないでしょうか。

さらに個人的な事情を話すと、私には事業に失敗して40代半ばで全財産と仕事、顧客、社会的信用など、すべてを失った過去があります。経済的破綻に追い込まれることが、どれだけ辛くて大変なことなのか十分に理解しています。

ではどうすれば、そのような経済的な不安から解放されるのでしょうか？

インフレ時代をサバイバルし、将来の経済的破綻を回避するには、どのような武器を備えればいいのでしょうか？

私の人生を救ってくれたのは、「株のデイトレード」でした。事業の失敗後、株式投資で再起し、今では数億の資産を築くことに成功したのです。

そんな私の経験から「株のデイトレード」の素晴らしさを、あなたに伝えたい。

これまでさんざん経済的な苦労をして、今なお将来の経済的な不安に悩まされている、そんな私と同世代のあなたに、不安から解放され、豊かで自由な人生を歩んでほしい。

そのために書いたのが、この本です。

50代以上の人に新NISAをお勧めしない理由

◆新NISAが人気を集めているけれど……

株のデイトレード、つまり株式投資について語るならば、「新NISA」が気になっている方も多いと思います。今、投資の世界ではとても人気を集めています。

そもそもNISA（少額投資非課税制度）とは、2014年1月にスタートした、少額からの投資を行う方のための非課税制度です。政府が「貯蓄から投資へ」を合言葉に、国民の資産が貯蓄に偏った状態を是正するために導入した制度ですが、当初は今一つ使い勝手が良くないことや、デフレ経済ということもあり、なかなか普及することはありませんでした。

しかし2024年から、かなり使い勝手が良くなった「新NISA」が導入され、日経平均株価が史上最高値更新といったタイミングもあり、個人投資家の間で人気となっています。

このNISAという制度で大きなメリットとされているのが、「非課税」ということです。

通常、株式投資での利益分に対しては、20％課税されます。仮に100万円の利益を得た

新NISAの概要

	つみたて投資枠	成長投資枠
	併用可	
年間投資枠	120万円	240万円
非課税保有限度額（総枠）	1,800万円 ※簿価残高方式で管理（枠の再利用が可能）	
		1,200万円（内数）
口座開設期間	恒久化	恒久化
投資対象商品	長期の積立・分散投資に適した一定の投資信託	上場株式・投資信託等（①整理・管理銘柄 ②信託期間20年未満、毎月分配型の投資信託およびデリバティブ取引を用いた一定の投資信託等を除外）
対象年齢	18歳以上	18歳以上

場合、20万円を税金として納めなくてはなりません。

しかしＮＩＳＡでは20％の税金分が無税となるので、１００万円の利益がまるまる自分のものになるのです。

◆NISAでは老後の経済的不安は解消できない

しかしＮＩＳＡでは、投資枠が設定されており、設定された枠を超えて投資することはできません。ＮＩＳＡの基本的な投資スタイルは「長期、分散、積立」です。

そこで考えていただきたいのが、「50歳以上の方にとって新ＮＩＳＡは本当にメリットがあるのか？」ということです。

それを確かめるため、シミュレーションをしてみましょう。あなたが仮に50歳だとして、20年間にわたって毎月３万円の積立投資を行ったとします。年間の利回りは比較的高めの5％で計算してみます。すると20年後には、こうなります。

・投資総額（積み立てたお金）：720万円
・運用益：502万3733円
・総額（積立資金＋運用益）：1222万3733円

つまり、20年間で約500万円お金が増えたということになります。このこと自体はとても良いとは思うのですが、問題は20年という期間です。20年で500万円の利益ということは、単純に割り算すると運用益は次の通りです。

・1年間：25万円
・1カ月：2万833円

さらに言えば、これを受け取るのは、あなたが70歳になった時点ということです。もちろんこの結果を否定するつもりはありませんが、これだけで老後の経済的な不安が解消するか

積立投資のシミュレーション

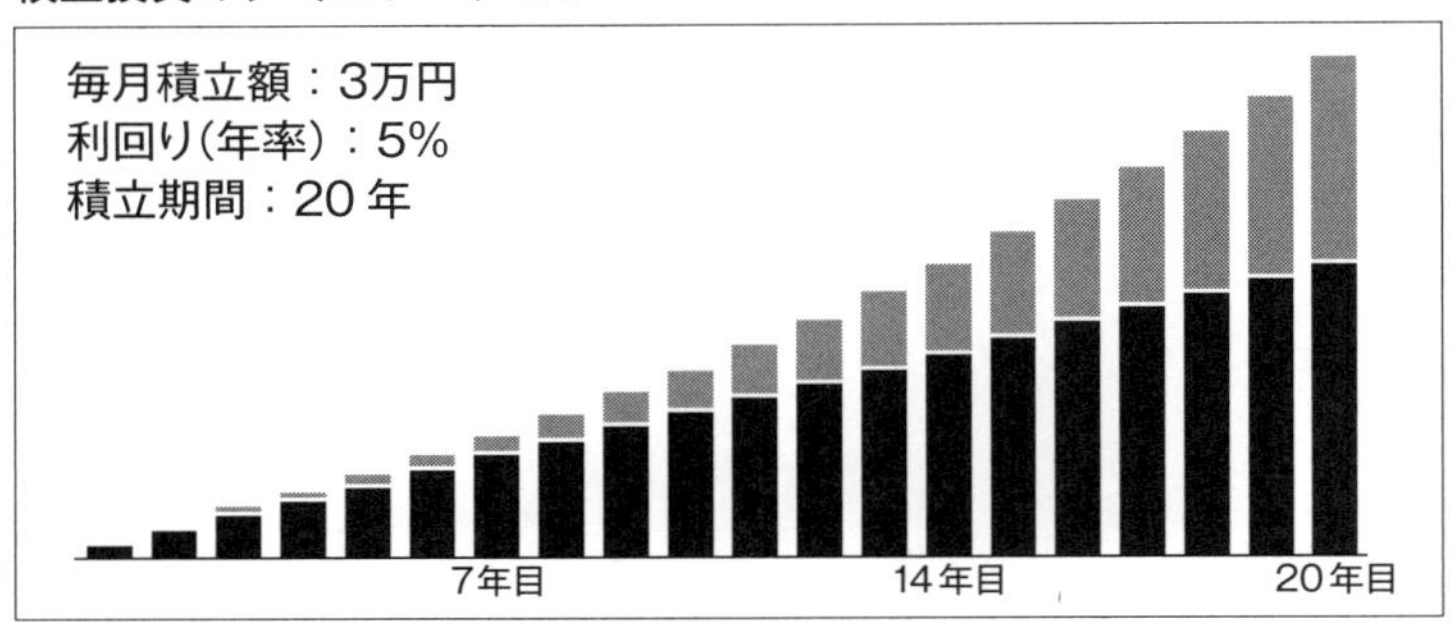

と言うと、かなり疑問に感じます。

さらに言えば、もし想定していた年間5％の運用益が達成されなければ、運用益はもっと少なくなってしまうことでしょう。

今50代以上の方にとって、新NISAは必ずしも魅力的ではないと言わざるをえません。

50代以上に向いているのはデイトレード

◆中高年は短期間で資金を稼ぐことに集中すべき

ＮＩＳＡは決して悪いものではありません。しかし、「長期、分散、積立」という投資法は、まだまだ長い人生が残されている若い人の特権です。我々中高年は、もっと短期間で資金を稼ぐことに集中すべきではないかと考えます。

本書で解説する「株のデイトレード」は、まさにそのための手法です。毎日利益を得ながら、短期間でお金を増やすことを目的にしています。私が全財産を失ってからわずか10年ほどで数億円の資産を築けたのは、「長期、分散、積立」ではなく「株のデイトレード」という投資法を選択したからだと思っています。

実際にどのようにお金が増えていくのか、私が少額資金を数億円の資産にした時のケースをご紹介しましょう。

◆デイトレードなら10年間で100万円が1億円超に

私は過去、経営していた会社を潰し、全財産を失った経験があります。そこで再起するために、まずは投資するための「タネ銭作り」から始めました。当時、全財産を失った私がなんとか用意できた投資資金は、100万円でした。友人の会社の仕事を手伝ったり、時給が高く、時間に融通の利くアルバイトを行ったりしながら、約1年2カ月かけて貯めたお金です。

この100万円は絶対に減らすことが許されないお金ですから、デイトレードを始めるにあたって掲げた目標利益は、1カ月でたったの5万円としました。100万円に対して1カ月5万円なので、月の利回りが5％ということになります。

リスクを取れば、もっと高い利回りを目指すことができたかもしれません。しかし、当時の私にそこまで資金的余裕はありませんでしたから、可能な限りリスクを排除した結果、1カ月の目標利益を5万円としたのです。

それに、月の利回りは5％で十分でした。図は元金100万円でスタートさせ、1カ月5％の利益を10年間続けた時の試算です（税金は考慮していません）。1年目から3年間はそれほど大きく増えていませんが、4年目以降は複利の力もあり、一気に資金が増えていきま

デイトレードのシミュレーション

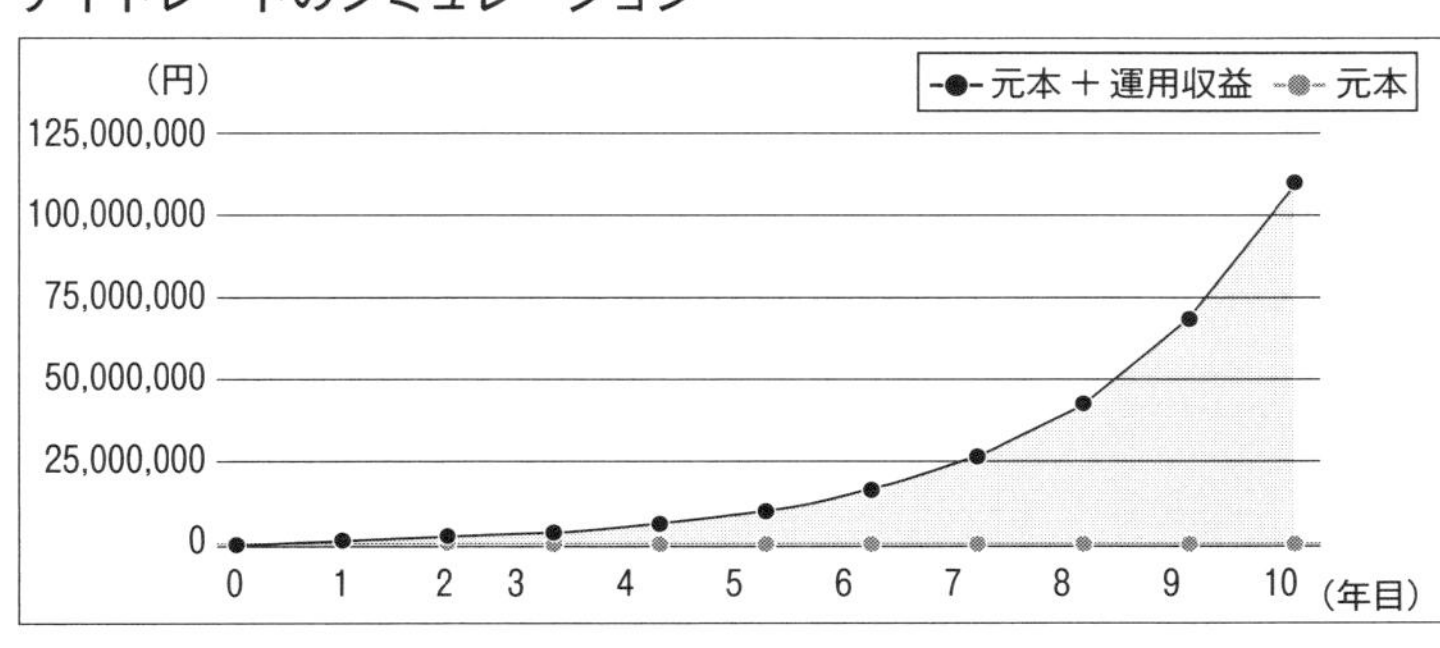

す。そして最終的には、1億円を超えることになるのです。

◆あなたはどちらを選ぶ？

ここで、先ほどのＮＩＳＡの積立投資のシミュレーションを思い出してください。20年間にわたって毎月３万円を積み立てるので、元金はトータルで７２０万円でした。それを年利５％で運用して、20年かけて約１２００万円。

これに対して、私が行ったデイトレードでは、元金１００万円を月利５％で運用して、10年で1億円超。

あなたなら、どちらを選ぶでしょうか？

ちなみに、私の場合はアベノミクス相場の後押しで目標以上の利回りを得られたので、実際にはもっと資金を増やすことに成功しました。今のように株価の上昇が続く局面は、「株のデイトレード」で稼ぐにはベストなタイミングだと思います。

04 デイトレードは本当に危険なのか?

◆本来はリスクを限定させながら稼ぐ方法

もしかすると、あなたはこう思っているかもしれません。

「デイトレードなんて危険すぎる」

「中高年ができるわけがない」

一般的にデイトレードに対するイメージは、あまりよくないのが現状だと思います。しかし、それは半分誤解に基づくイメージなのではないかと、私は考えます。

確かに、デイトレードでは高いリスクを取って一攫千金を狙うことも可能です。世の中には、そうしたデイトレードを薦める情報も溢れています。

しかし、そういた間違ったやり方さえしなければ、デイトレードは一般で言われているほど危険なものではありません。むしろ本来、株のデイトレードはリスクを限定させながら稼ぐ方法なのです。

その理由を説明しましょう。

◆日をまたぐ取引の方がリスクは高い

「制限値幅」という言葉をご存じでしょうか？

証券取引所では、前日の終値（その日の最後に取引された値段）に基づいて、1日の株価の動きを上下一定の範囲内に制限しています。これが制限値幅と呼ばれるものです。

デイトレードはその日のうちに取引を終えるトレード方法ですから、仮に損を出したとしても、1回の取引で出る損は理論上、最大でも制限値幅の範囲内となります。つまり、実は思った以上に損失が出にくい仕組みになっているのです。

これが日をまたいだトレードになると、損失がどんどん膨らんでいく可能性があります。実際、株で損をする人は、マイナスをズルズル引き延ばし、結局大きく損をしているケースがほとんどです。

また、株に含み益が出たからと言って欲をかいてその日のうちに決裁せずにいたら、その日の夜の米国株市場で株価のトレンドが急変して、翌朝起きたら含み益がふっとんでいた、ということもありえます。「日をまたぐことでリスクが高まる」というのは、プロのトレーダーにとっては常識なのです。

この本で紹介するのは、そうしたデイトレード本来の「リスクが限定できる」という性質を活かしたトレード方法です。安心して取り組んでいただければと思います。

05 デイトレードなら毎日が給料日になる

◆1日に何度も収益チャンスが発生

先ほど「デイトレードは1回の取引でのリスクが限定できる」というお話をしました。そうすると、勘の良い方はあることに気付くかもしれません。

「リスクが少ないということは、リターン（得られる利益）も少ないのでは？」

はい、おっしゃる通りです。株のデイトレードでは、1回の取引で得られる利益はそこまで高額にはなりません。

ではなぜデイトレードで大きく稼げるのかと言うと、1日に何回、または何十回とトレードチャンスが訪れるからです。

株のデイトレードは、数分間（数秒の場合もある）の株価の変化を利益に変えるトレード手法です。株価は常に変化していますから、収益チャンスが1日に何度も発生します。

なので、仮に1回の取引ではたった1000円しか利益が出なくても、それを1日に10回繰り返せば1000円×10回で1万円の利益が得られる、というわけです。

一般的な「一攫千金」というイメージとは逆に、小さい利益をコツコツ積み上げていくのが、私のお薦めする株のデイトレードなのです。

◆毎日お金を稼げるという充実感

実際に、例としてある日の東京電力（証券コード9501）の1日の値動きを見てみましょう。図には、私たちの「デイトレード」手法に当てはめて、トレードポイントを記載してあります。

見ての通り、1日に何度もトレードチャンスがやってきていますね。たった1銘柄でこれだけのトレードチャンスがあるわけですから、他の銘柄まで含めると、無数にトレードチャンスがあると言っても過言ではないでしょう。これらのチャンスを確実にものにできるのが、デイトレードの最大のメリットだと思います。

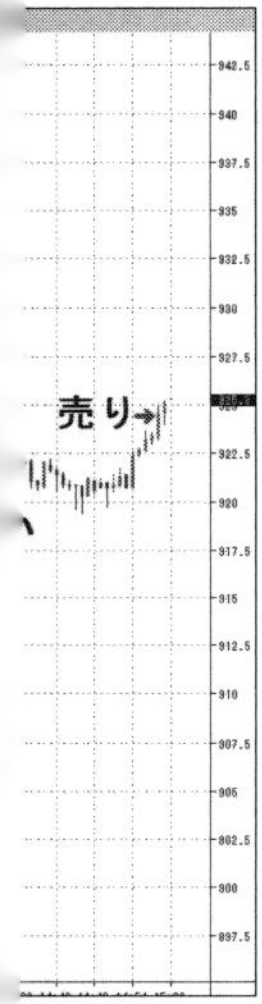

もちろん、「1日に何度も利益を得られるチャンスがある」ということは、「1日に何

東京電力の１日の値動き

度も損する可能性もある」ということです。そこは注意して取り組む必要がありますが、そのために必要なテクニックはすべてこれから説明していきますので、安心してください。

現段階では、まだまだイメージが湧かないと思いますが、本書を最後まで読んでいただければ、それほど難しいトレード手法ではないということが理解できると思います。

なにより、私たち中高年世代にとって毎日お金を稼げるというのは、大きな充実感を得られることです。これまでバブル崩壊や就職氷河期を経験し、経済的に苦労してきた世代だからこそ、私は「中高年こそデイトレードを行い、豊かで満ち足りた人生を謳歌すべき」だと思っています。

第2章

「株のデイトレード」の魅力とは

01 1分間で10万円以上の利益も可能

◆1日が終わるまでに取引を完結させるのが「デイトレード」

第1章では「株のデイトレード」が50代以上の方の資産運用に適している理由を説明させていただきました。

しかし、株式投資の初心者ですと、そもそも「株のデイトレード」とはどういうものなのか、まだよくイメージがつかめていない方も多いでしょう。そこで本章では「株デイトレード」について、その魅力を詳しくお伝えしていきたいと思います。

まず、「デイトレード」という言葉の定義についてご説明しましょう。

そもそもデイトレード（「日計り」とも言います）とは、株式や日経指数先物、外国為替取引（FX）などを対象にした「当日にエントリー（買い注文を入れること）したポジションはその日のうちに決済し、翌日にポジションを持ち越さない取引」のことを言います。1日という枠の中で取引を完結しますので、取引終了する大引け段階ではすべて現金化されています。

例えば、ある企業の株価が1日のうちに大きく値上がりすることを予想できたとします。そのような価格上昇のチャンスを見逃さず、適切なタイミングを見計らってエントリーし、購入時の価格より上がったら（だいたい数分〜長くても1時間程度で）利益確定する、というのがデイトレードです（もちろん投資なので、損することもあります）。

ちなみに、デイトレードを専門に取引する投資家のことを「デイトレーダー」と言います。私も以前、証券会社でディーラー職を経験し、デイトレーダーとして複数銘柄に対して1日何十回も繰り返し取引を行い、利ザヤを稼いでいました。

◆たった1時間30分、1回のトレードで9万5000円の利益

それでは、デイトレードでは1回の取引でどのくらいの利益を得られるのでしょうか？

具体例を1つご紹介しましょう。

図は、ある会社の株の動きを示したチャートです（チャートの見方は第4章で詳しくご説明します）。これを見ると、13時30分過ぎに552円だった株価が、そこから1時間30分後に

デイトレードの例

は６４７円にまで値上がりしているのがわかりますね。

ここで、仮に５５２円の時に１０００株を買い、６４７円になったところでその１０００株を売ると、利益はいくらでしょうか？

利益を求める際は、売却価格から購入価格を引いた数値に対して、トレードする株の枚数を乗算すれば良いので、計算式は次の通りです（売買手数料は考慮しないものとします）。

（６４７円×１０００株）－（５５２円×１０００株）＝
９万５０００円

つまり、この株式をデイトレードすれば、たった1時間30分で９万５０００円の利益を出すことができたわけです。

1分間で10万円以上の利益を得た動画

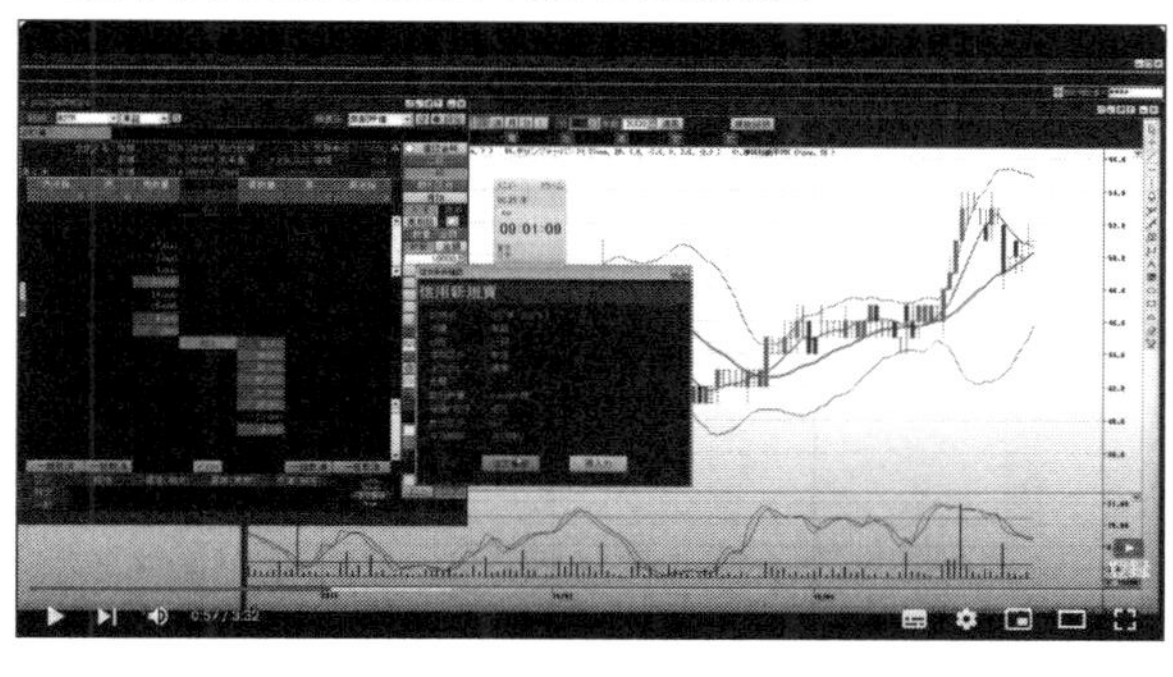

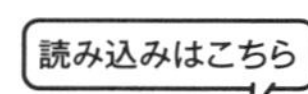

◆1分間で10万円以上の利益を得られたことも

このようにデイトレードでは、その日の市場で小さな動きがあったら、それを最大限に利用し、短時間での利益獲得を目指します。

実際には、デイトレードでは先ほどの例よりもっと短時間でもっと利益を得られることもあります。図は、私がデイトレードを行い1分間で10万円以上の利益を得た時の動画です。QRコードをスマホで読み込んでいただければ、すぐに動画が再生されます。

この動画では銘柄選びからエントリー、そして利益確定まで、デイトレードのすべてのプロセスが収録されています。かなり臨場感のある動画なので「株のデイトレード」へのイメージが湧くのではないかと思います。

デイトレードの魅力を最大限に引き出す「信用取引」

◆信用取引はデイトレードでは必須

次に、「信用取引」という制度についてご説明します。

「株のデイトレード」を成功させるにあたって重要なのが、この信用取引を活用するということです。信用取引を使うことで、より資金効率を高め、積極的に利益を得ることが可能になります。

いわば、デイトレードの魅力を最大限引き出すための制度なのです。

では、その信用取引とはどういうものなのでしょうか。

これは、株式を購入する際、証券会社から資金を借りて行う取引のことです。また逆に証券会社から株式を借りて「空売り」もできます。

信用取引の仕組み

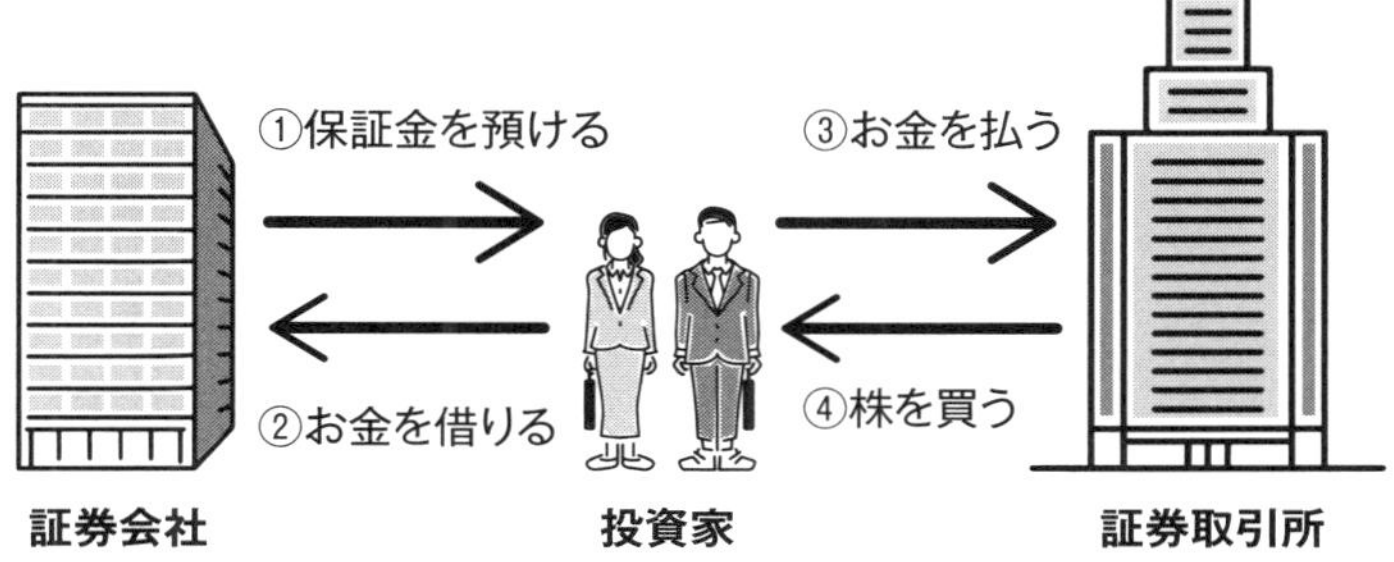

◆デイトレードでは「制度信用取引」を使う

なお、信用取引では「制度信用取引」「一般信用取引」という取引方法があります。制度信用取引は、6カ月間以内に決済をしなければならないというルールで取引されます。一方、一般信用取引の決済期限は無期限となります。「株のデイトレード」は1日で取引を終えますので、信用取引を行う場合は「制度信用取引」でやっていただければ良いと思います。

03

自己資金の約3倍の取引が可能

◆自己資金を担保に大きな額の取引をできる

「信用取引」では、証券会社に現金や現物株式を担保として預けることで、その保有資産の約3倍まで自己資金よりも大きな額の取引をすることができます。これをレバレッジと言います。

例えば、自己資金が100万円だった場合、現物取引では合計で100万円までしか株式を買うことができませんが、信用取引では合計で約300万円までの株を買うことができます（もちろん空売りもできます）。

ただ実際の取引では、最大レバレッジで取引するのはリスクが高くなるので、2倍弱くらいまでに抑えるべきかと思います（具体的な取引については、また別の章でお話しします）。

レバレッジのイメージ

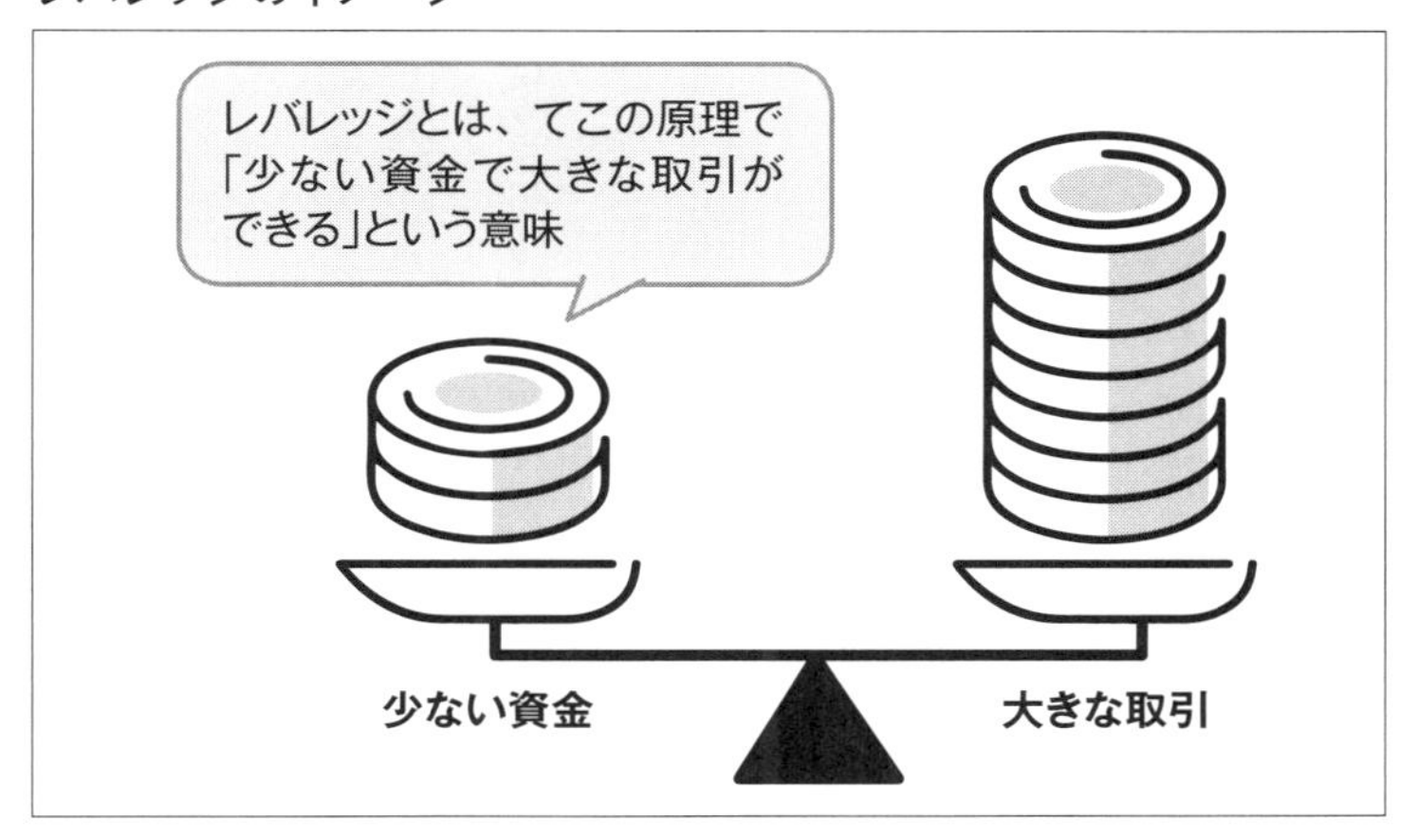

信用取引によるレバレッジ

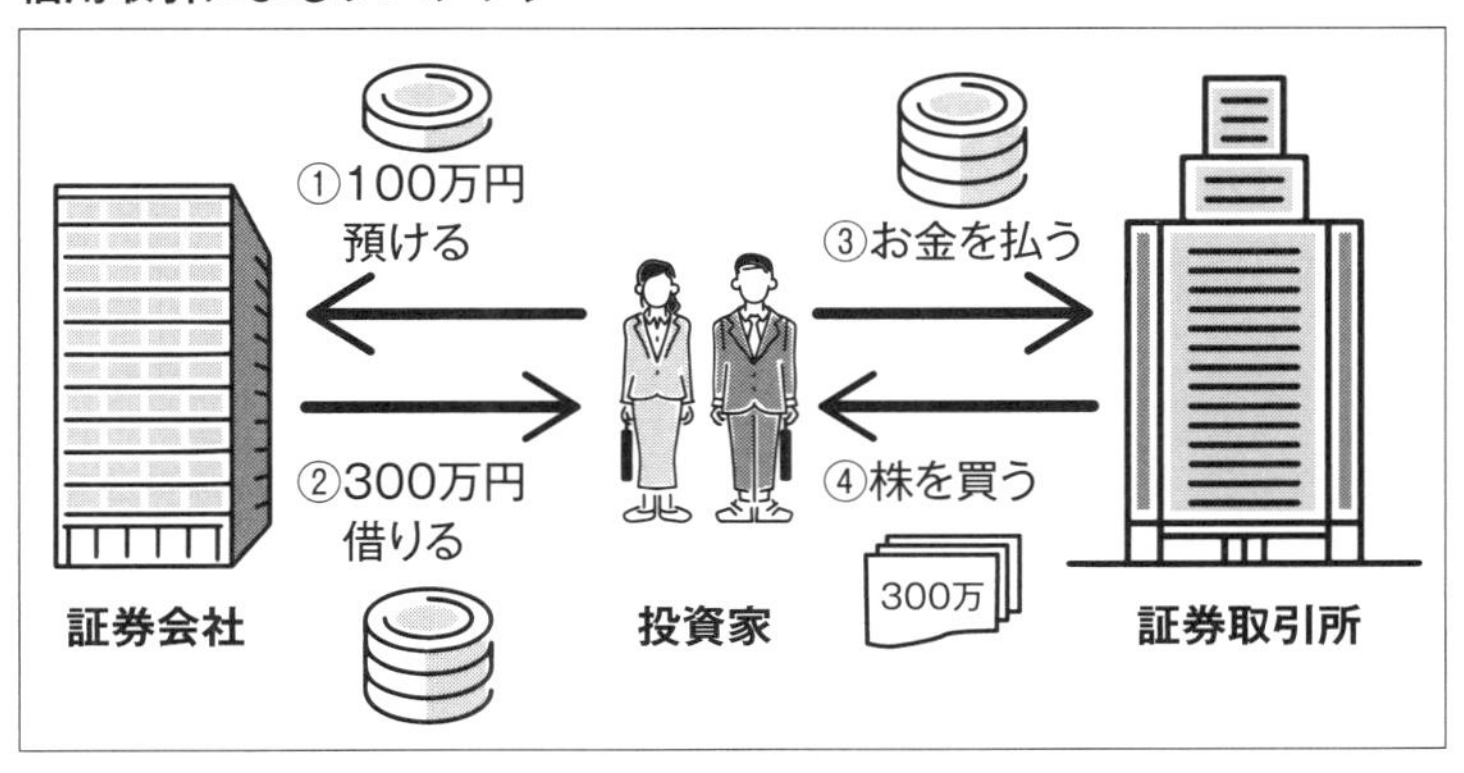

◆金利や貸し株料などの費用が発生

なお信用取引では現物株式とは異なり、株式（建玉）を保有している間は、金利や貸し株料などの費用が別に発生します。金利については、証券各社によってさまざまですが、２０２４年４月時点ではおおむね２％前後が多いようです。

今ではほぼすべての証券会社で、インターネットから簡単に信用取引の口座開設ができるようになりました。これは資金力に乏しい個人投資家にとって、とても嬉しいことですね。

04 30万円からスタートできる

◆信用取引の最低証拠金額は30万円

では信用取引で「株のデイトレード」を行う場合、いったいいくらの資金を用意すれば良いのでしょうか？

多くの証券会社では、信用取引の最低証拠金額は30万円となっています。したがって、信用口座を開設して30万円の資金さえ用意できれば、すぐに信用取引を活用した「株のデイトレード」が可能になります。

とはいえ、証拠金の30万円を1円でも下回ると取引ができなくなってしまうので、私は35～50万円くらいからスタートするのが望ましいと考えています。やはり投資ですから、デイトレードといえども当然リスクはあります。なので、少し余裕を持たせて資金を用意していただくのが良いと思います。

保証金の計算例

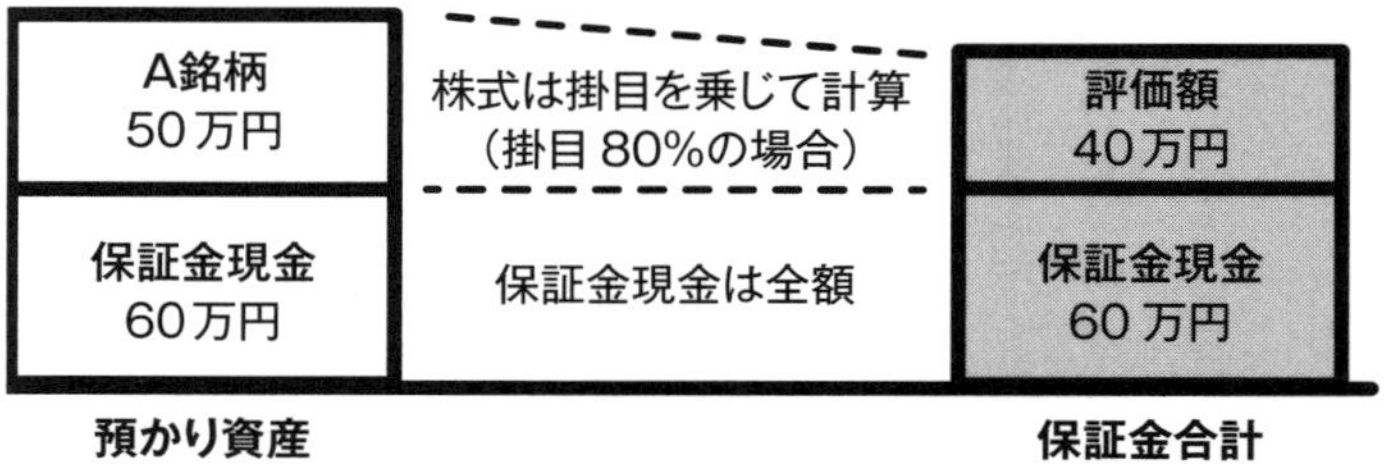

預かり資産		保証金合計
A銘柄 50万円	株式は掛目を乗じて計算（掛目 80%の場合）	評価額 40万円
保証金現金 60万円	保証金現金は全額	保証金現金 60万円

代用証券の評価（マネックス証券の場合）

区分	掛目
東京・名古屋各証券取引所上場銘柄	80%以下
福岡・札幌各証券取引所上場銘柄（Q-Board、アンビシャス含む）	50%以下
上場投資信託・上場投資証券・不動産投資信託	80%以下
国内株式投資信託	80%以下
公社債投資信託	85%以下

※2024年4月時点

◆現金でなく現物株や投資信託でもOK

なお、証拠金は全額を現金で用意する必要はありません。というのも、信用取引では、現金だけではなく現物株や投資信託など（代用証券と言います）も証拠金として差し入れることができるからです。

ただし、現金の場合はそのまま100%の評価になりますが、現物株は時価のおおむね80%で評価されます。また、現物株を保証金で差し入れている場合、現物株は日々、値動きがありますので、その都度、評価は変わります。

もちろん資金は多いに越したことはありませんが、これから「株のデイトレード」を始める方は、まずは35〜50万円くらいからスタートしてみてはいかがでしょうか。

05

同一銘柄を1日に何度も取引できる

◆現物株では同一資金での回転売買が禁じられている

実は現物株の取引では、同じ資金で同一銘柄を1日に何度も取引すること（これを「同一資金での回転売買」と言います）ができないルールになっています。例えば、その日の朝に買った銘柄を昼頃に売って、夕方にまた買い直す……といったことができないのです。

これは、金融商品取引法の「差金決済取引の禁止」によるものです。

しかし、信用取引はそもそも差金決済方式（売買価格の差額だけをやりとりする方式）を取っています。

そのため、信用取引であれば、現物株の取引と違い、同じ資金で複数銘柄はもちろん、同一銘柄であっても、1日に何度も取引が可能となっています。

同一資金での回転売買

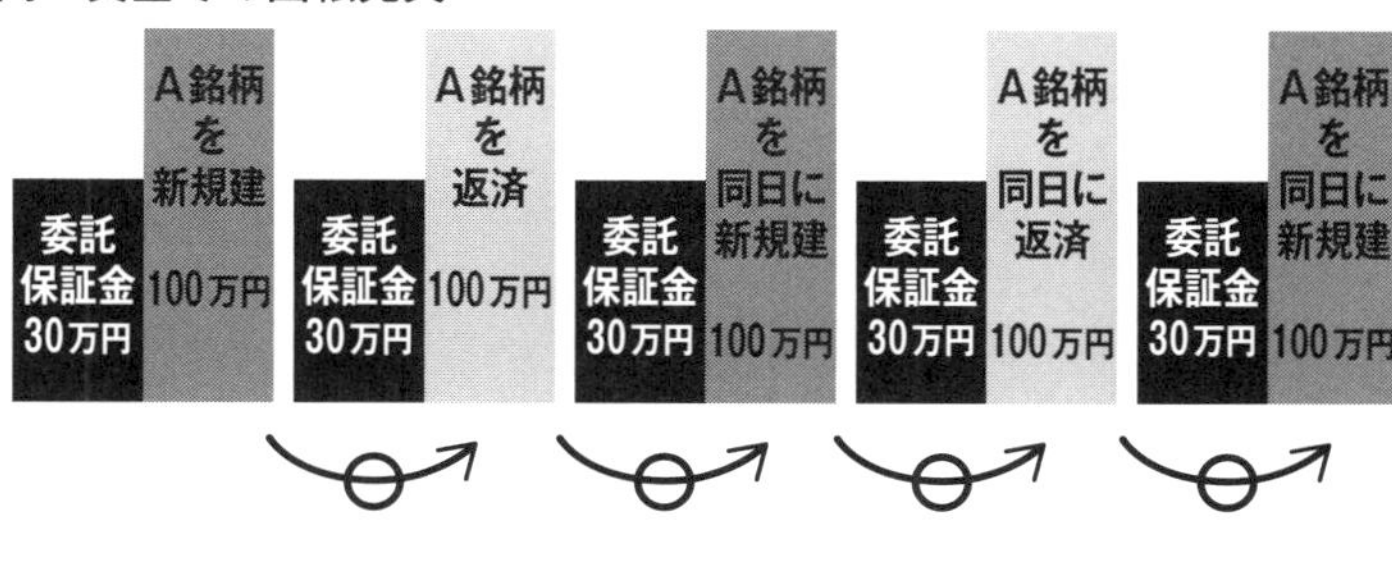

◆回転売買できれば資金効率がメチャクチャ良くなる

つまり、信用取引であれば、手持ちの資金で1日に何度も同じ銘柄を取引して稼ぐことができるのです。したがって資金効率がメチャクチャ良くなります。

実際にデイトレードをやっていると、一度決済した銘柄に対して、再びトレードをしたいと思うことは、ほぼ毎日のようにあります。特に「あー、売りが早かった！」と思った時、私はもう一度、同じ銘柄を買って利益を稼ぐことがよくあります。

「株のデイトレード」は、1日1日が勝負なので、当然、売買回数が多くなりますから、資金効率が悪ければ稼ぐことが難しくなります。信用取引を活用した「株のデイトレード」は、この点でもかなり有利ということです。

06

株価が下がっても「空売り」で利益を狙える

◆借りた株を市場で売ることもできる

一般的に、デイトレードに限らず株式投資では、株が安い時に買って、高い時に売ることで、利益を得ます。つまり、株価が上がれば利益になります。

しかし、信用取引を使えば、株価が下がっても利益が得られる「空売り」が可能になります。信用取引の株を買う場合は、証券会社から資金を借りて取引しますが、信用取引では株を借りることもできるので、借りた株を市場で売る「空売り」という手法が使えるのです。

「空売り」を使えば株価が下がっても利益を得られるので、株式相場が下げ相場であっても積極的に利益を追求できます。

「空売り」の仕組み

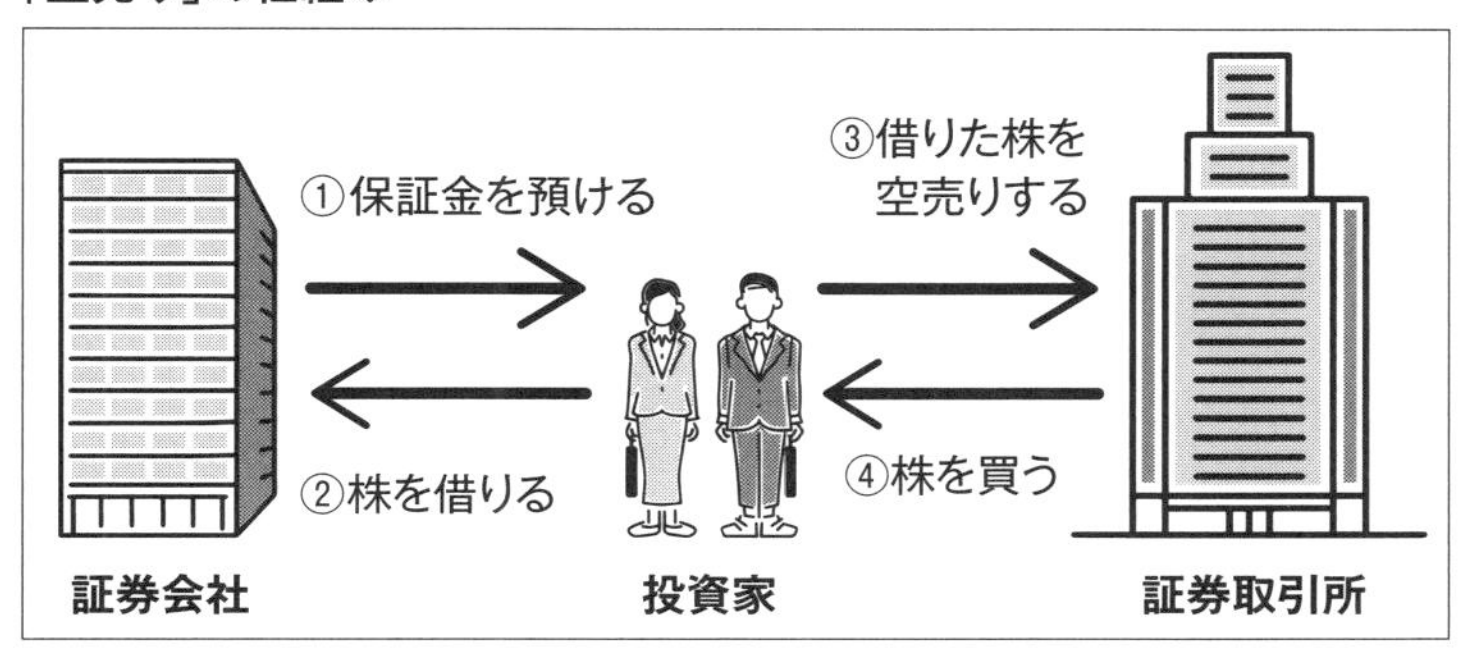

「空売り」のイメージ

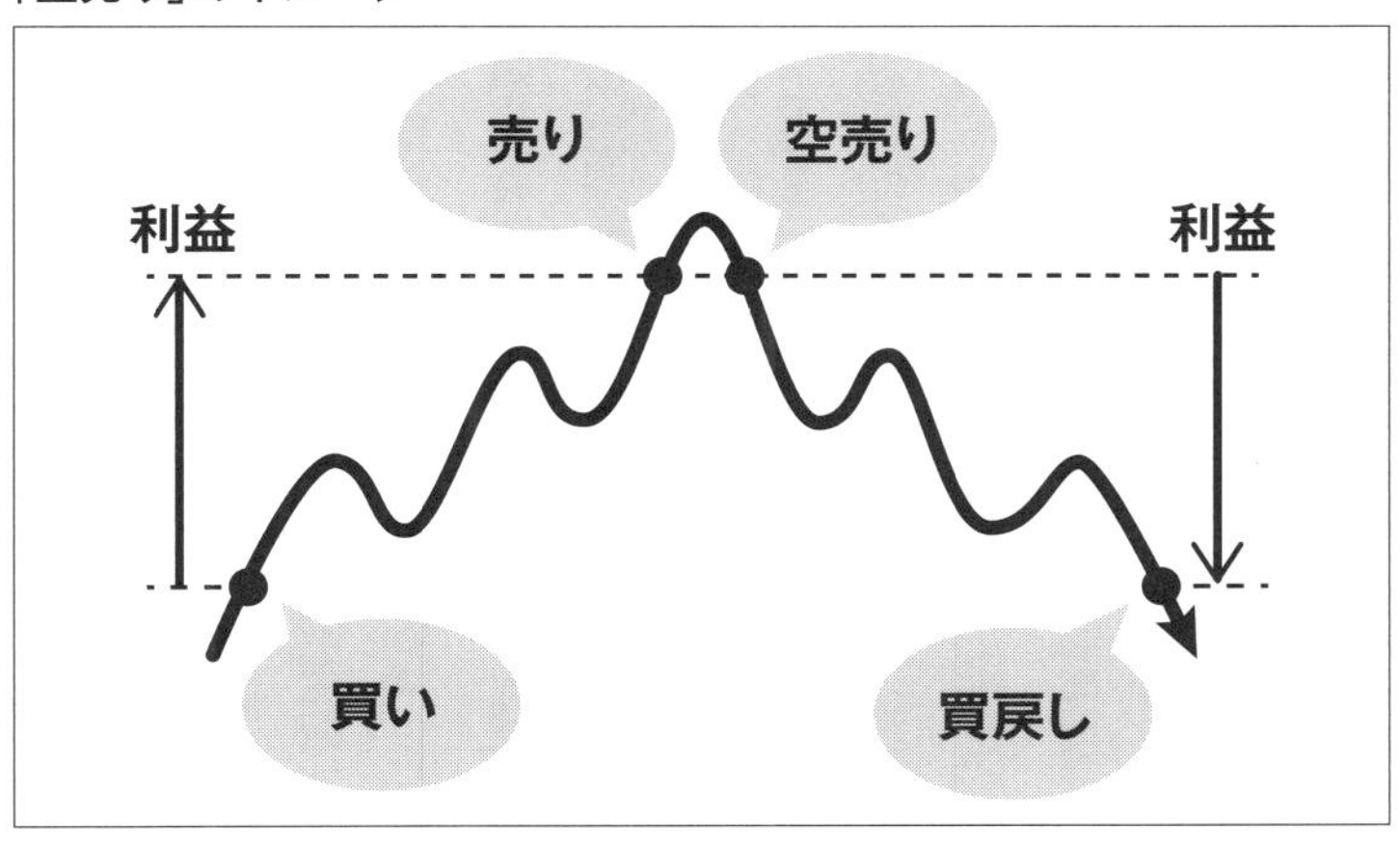

◆株の上げ下げに関係なく利益が追及できる

わかりやすいように図で説明しましょう。

通常は、「株価が安い時に買って高くなったら売る」ことで差額分を利益として得ることができます。買った時より株価が下がってしまったら損失になってしまいます。

しかし「空売り」では、借りた株を高い時に売って、安くなったら買い戻すことで、差金決済を利用して利益を確定することができるのです。

つまり信用取引で「株のデイトレード」を行えば、株の上げ下げに関係なく、利益が追及できます。これは非常に大きな武器になるので、活用すべきでしょう。

米国株式市場が暴落しても影響を受けない

◆投資で大きな損失を被る一番の原因は「含み損」の放置

50代以上の方は、現役引退が近づく年代です。資産を減らさず、着実に資産を積み上げげながら、楽しく豊かで充実した人生を過ごしてほしいと、私は考えています。

これは言い換えれば「できるだけリスクを排除し、着実に利益を得る」ということではないでしょうか。

私はこれまで4000名以上の個人投資家に向けて、デイトレードから長期投資まで技術を教えてきましたが、第1章でも触れた通り、やはり個人投資家が大きな損失を被る一番の原因は「含み損」を放置し、それがどんどん大きくなっていくパターンがほとんどです。

実際にある日突然、米国などの株式市場が暴落し、その影響で保有銘柄の株価が大きく下がることはよくあります。私もそのようなことを幾度となく経験しています。

一般個人投資家は、このような事態に遭遇すると、「持っていればいつかは回復する」と

オーバーナイトリスク

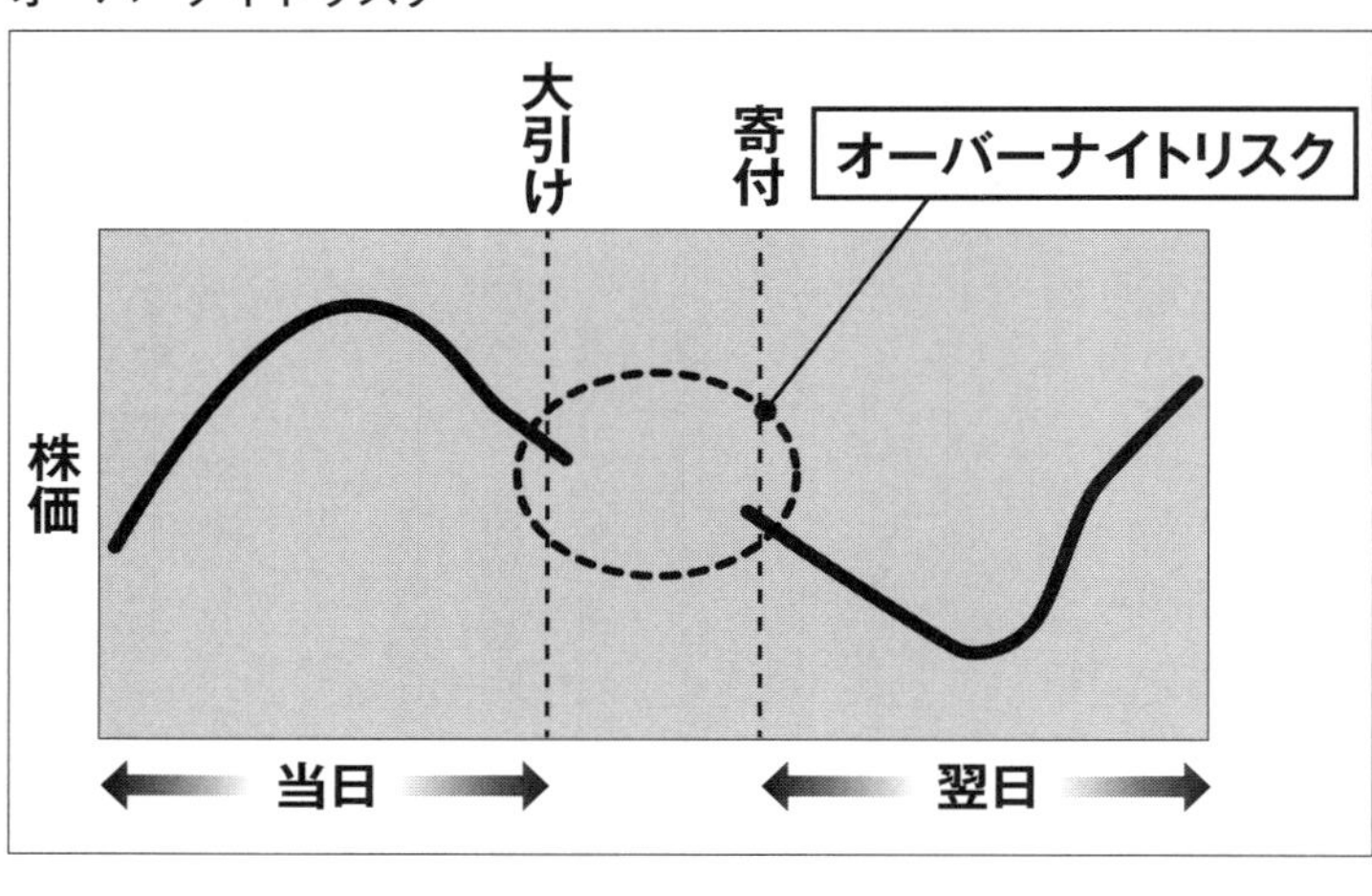

安易にそのままにしておくことがほとんどで、この行為がさらに損失を拡大させる結果になっています。もしかすると、本書を読んでいるあなたも同じような経験をお持ちではないでしょうか。

◆「株のデイトレード」ならオーバーナイトリスクはない

このような、株を翌日以降に持ち越して保有するリスクのことを「オーバーナイトリスク」と呼びます。

しかし「株のデイトレード」は、保有している株式をその日のうちにすべて決済するので、保有株を翌日に持ち越すことはありません。つまり、「オーバーナイトリスク」はありません。

したがって米国株が暴落しても、その影響は受けません。

「株のデイトレード」は塩漬け株とは無縁なのです。日をまたいで株を保有する「オーバーナイトリスク」を排除することで、着実に資金を増やすことが可能になります。

だから50代以上の中高年こそ「株のデイトレード」の技術を身に付ければ、豊かな老後を過ごすことができると私は思っています。

損失金額を抑える注文方法がある

◆損失をコントロールできればデイトレードで勝てる

ここまでご説明した通り、「株のデイトレード」はその日のうちに決済を行うため、非常にリスクが少ない、損失額が少ない取引が可能になる手法です。そして、1日に何度も取引ができるため、細かい利益を積み上げることで資金を増やす戦略になります。

したがって、仮に損が出た時には（投資なのでそういうこともあります）、その取引をなるべく少ない損失で終える必要があります。そうしないと、コツコツ貯めた細かい利益が帳消しになってしまうからです。

逆に言えば、損失をコントロールすることさえできれば「デイトレード」で勝つことは難しくありません。

では、どうすれば損失をコントロールできるのでしょうか？

その具体的な方法についてはこれから後の章でお伝えしますが、実は便利な注文方法があるのです。それが「逆指値注文」という方法です。

◆システムが自動で損失を限定してくれる

「株のデイトレード」では「成行注文」と「指値注文」という2つの注文方法をよく使うのですが（詳しくは第3章でご説明します）、逆指値注文はちょっと特殊な注文方法です。

具体的には、株価が指定した条件になったら注文（指値注文や成行注文）発注する注文方法となります。つまり、買いの逆指値注文なら「株価が○円以上になったら、買いの指値（または成行）注文を出す」、売りの逆指値注文なら「株価が○円以下になったら、売りの指値（または成行）注文を出す」ことができるのです。

これを利用すると、例えば現在株価が１０５０円の銘柄を買い保有しており、９５０円を下回ったら損切りしたい場合には、「９５０円以下になったら、売りの成行注文を出す」という逆指値注文を出しておけばいいことになります。この時、逆指値注文を出した時点では売りの成行注文は執行されず、株価が９５０円を下回ると売りの成行注文が出されることになります。

逆指値注文のイメージ

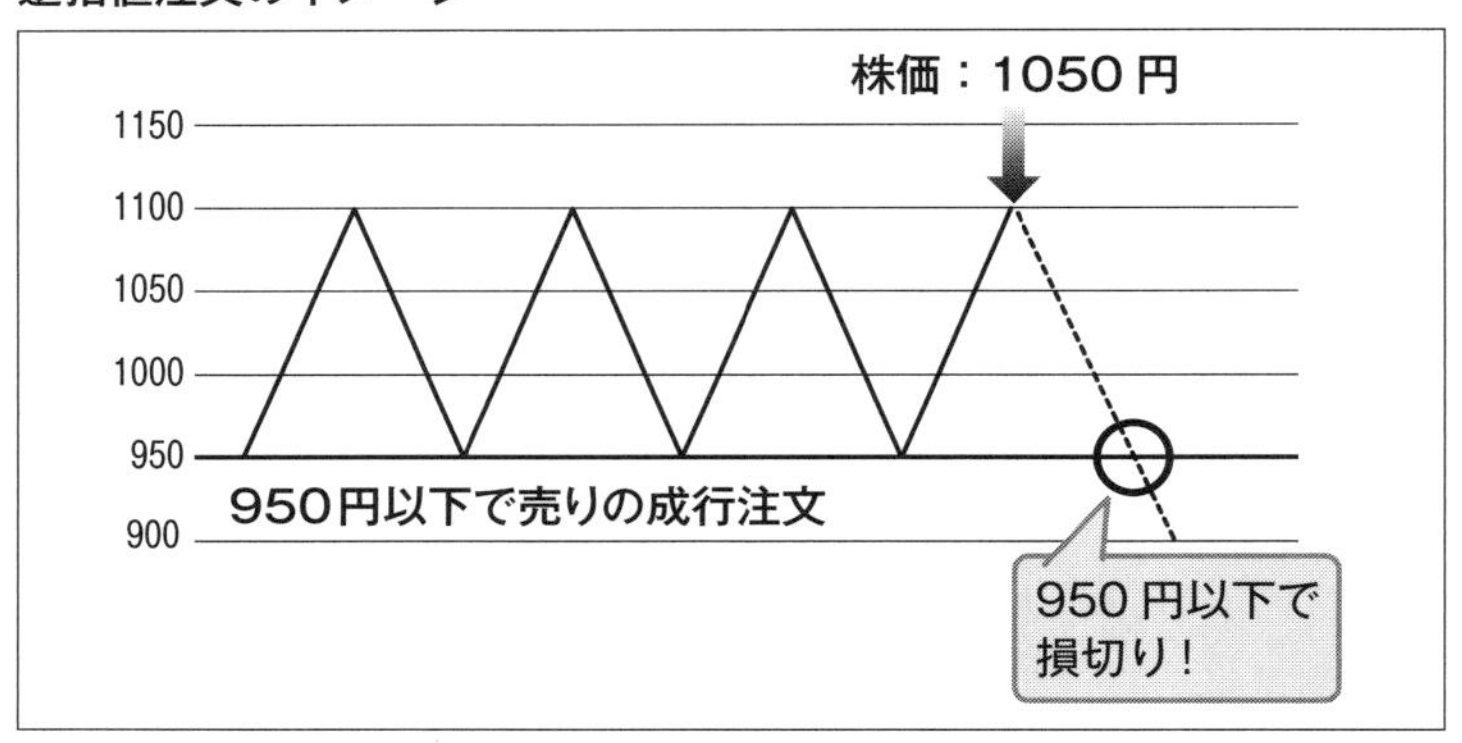

このように逆指値注文を使うことで、自分では損切りに迷いが出たとしても、システムが自動で損失を限定してくれるのです。このような仕組みがあることも、「株のデイトレード」のリスクが低い理由の1つと言えます。

手数料無料でできるようになった

◆SBI証券と楽天証券なら株式取引手数料は無料

これから「株のデイトレード」を始めるあなたに朗報があります。2023年秋からSBI証券、楽天証券の2社は、株式取引手数料無料化のサービスを相次いで始めました。

もちろんこれはデイトレードに限らず、株式投資をする人なら全員恩恵を受けられるのですが、特に「株のデイトレード」では大きな意味を持ちます。

なぜなら、「株のデイトレード」では1日に繰り返しトレードすることになるため、そのたびに手数料がかかると、せっかく積み上げた利益が手数料でふっとんでしまう可能性があるからです。

つまり、SBI証券と楽天証券の2社で株式取引の手数料が完全無料化されたことで、より「株のデイトレード」が成功しやすくなったのです。デイトレーダーにとっては、本当に素晴らしい環境になりました。

他の証券会社でも条件付きで「日計りトレード」の無料化サービスが用意されているものの、やはり使い勝手の面で言えば、この２社に比べれば使いづらいのではないかと思っています。

SBI証券の手数料無料サービス告知

楽天証券の手数料無料サービス告知

したがって「株のデイトレード」を成功させたいのなら、ＳＢＩ証券が楽天証券での取引をお勧めしたいと思います。

スマートフォンで簡単に取引できる

◆外出先や仕事の休憩時間でも取引可能

今や日本人の老若男女、ほぼすべての人が当たり前にスマートフォンを使う時代になりました。50代以上の方でも普通にスマートフォンを使いこなせるようになり、時代の進化を肌身で感じています。

そんな中、各証券会社もスマートフォンで利用できる「株アプリ」を提供するようになりました。

株アプリの一番の魅力は、スマートフォンを利用するので、外出先や仕事の休憩時間など「いつでもどこでも株取引ができる」ということです。いつでも取引が可能なので、株価の急な下落や大きなニュースが発表されても対応でき、機動的なトレードが行えます。

株アプリの例

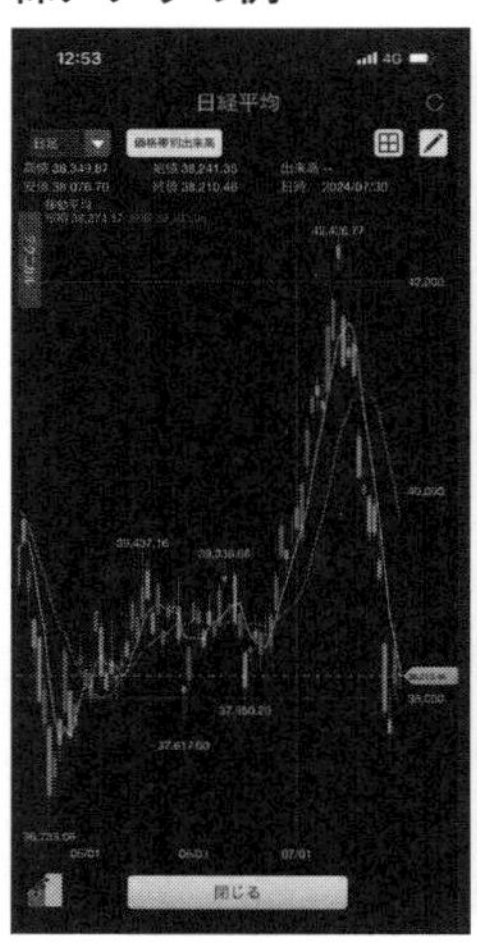

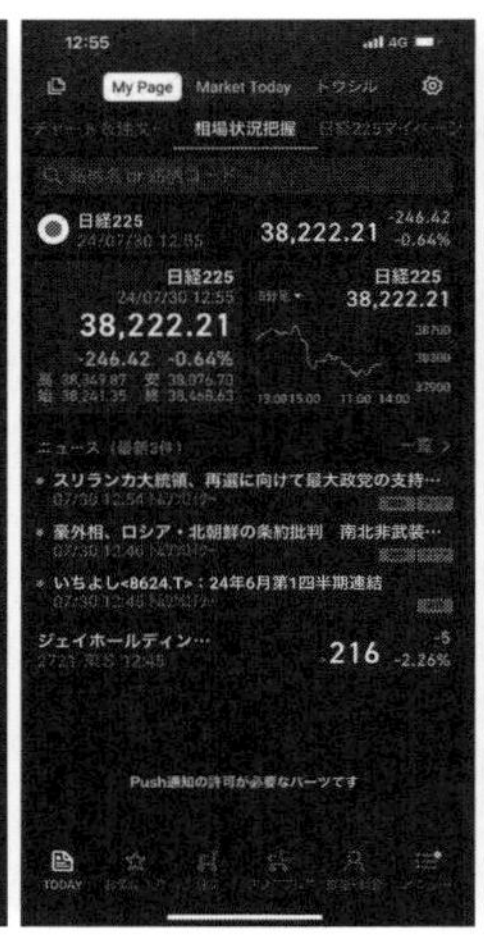

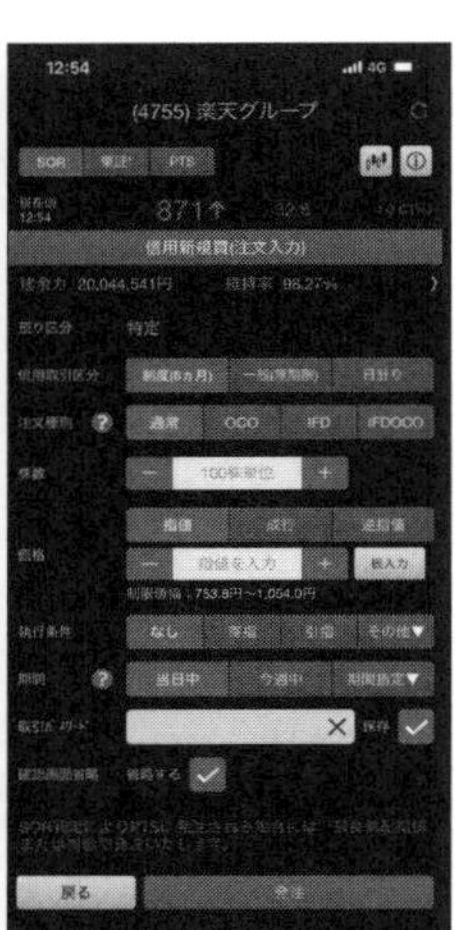

◆モニターを何台も並べたトレードルームは不要になった

デイトレードと言うと、モニターを何台も並べたトレードルームを想像する方も多いと思います。

しかし、それは昔の話。今や、デイトレードに必要なランキングや、チャート、板情報、ニュース、四季報情報など、ほぼすべての情報がスマホ1台あれば取得できます。

特に株価情報をいつでもリアルタイムで取得、確認ができるのは、「株のデイトレード」を行うには必須条件です。それが手のひらの上ですべて完結できるのは、本当に素晴らしいことだと思います。デイトレーダーにとっては最高の時代と言えるのではないでしょうか。

私も外出先では、株価情報のチェックをしながら、その場でトレードすることがよくあります。私の受講生の中にも、ほぼすべてのトレードをスマホやタブレットで行い、1カ月で100万円以上の利益を得ているトレーダーさんがたくさんいらっしゃいます。

それだけスマートフォンは、投資生活になくてはならないものになったということでしょう。

第3章

「株のデイトレード」の準備をしよう!

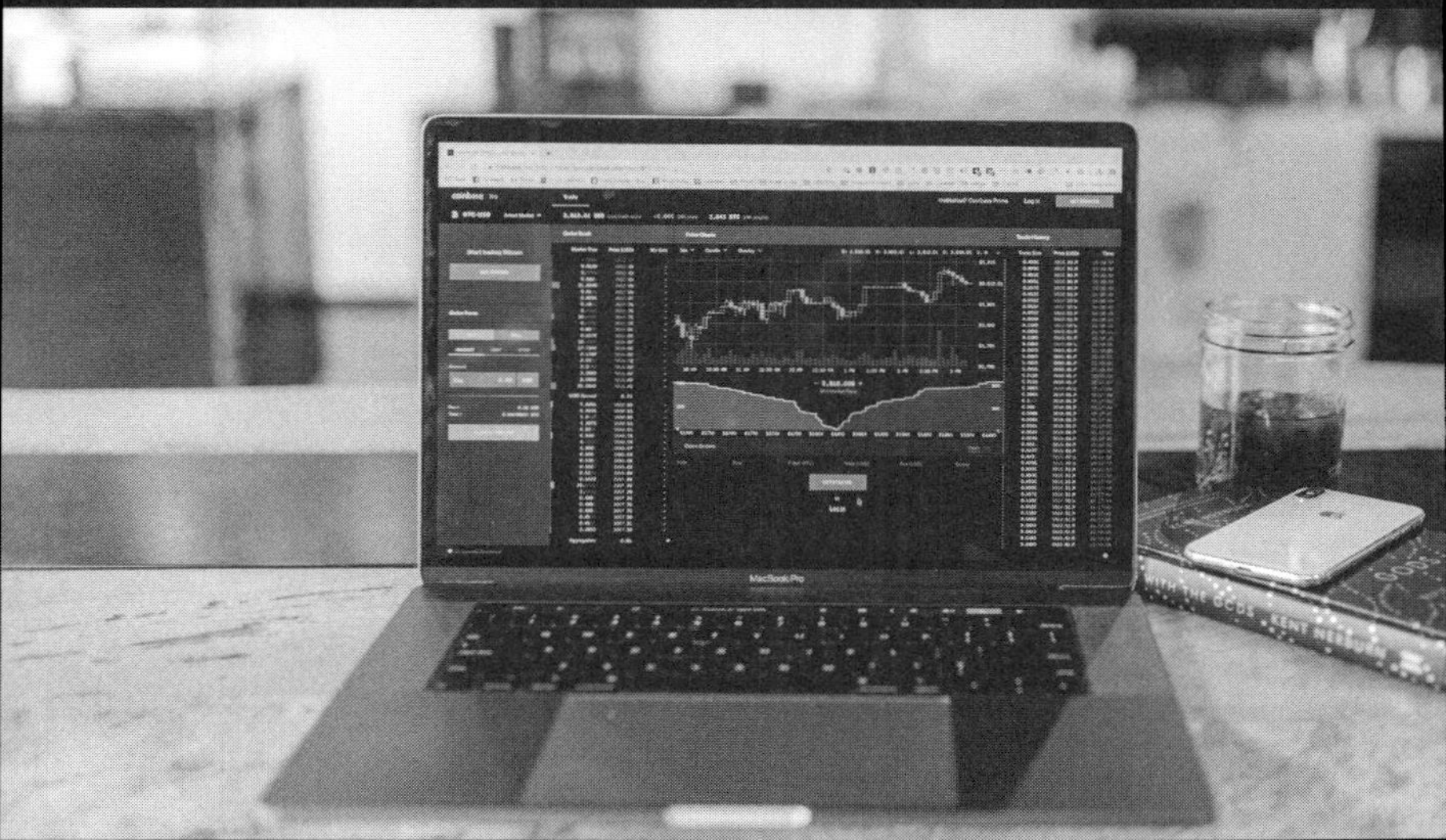

01 インターネット環境を整えよう

◆「資産1億円」を目指して準備しよう

これまで「株のデイトレード」の可能性や魅力についてお伝えしてきました。

「よーし！　やってみよう」と意気込んだものの、「いったい何からやれば良いのか？」という疑問をお持ちかもしれませんね。

そこで、いよいよこの章からは「株のデイトレード」を行うための準備についてお話していきたいと思います。基本的には、この章で紹介する準備を行っていただければ「株のデイトレード」をスタートできます。

しっかり準備することで、より成功する確率は高まるはずです。

ではさっそく「資産1億円」を目指して準備に取り掛かりましょう。

◆安定したインターネット環境が重要

「株のデイトレード」ではインターネットを使って取引をします。

そのため、まずは安定したインターネット環境が必要になります。なぜならインターネット環境が良くないと、希望する価格で買ったり、売ったりすることができないからです。また、インターネットが切断されて注文を出すことができなかったことで、思わぬ損失を被ることもありえます。

私も過去、インターネット環境が悪いところで取引していた時に、利益確定の注文を出そうとして発注ボタンをクリックしても、ネットが遮断されて注文を出すことができなかったことがあります。5分後にやっと注文を出せたのですが、すでに含み益はなくなり、結局、泣く泣く損切りしました。

そんなこともありますので、インターネットの環境はしっかり整えておくことをお勧めします。

図は、大手インターネット通信サービスの一覧です。各社、光回線の提供が主流になっています。もしまだ光回線を使っていない方は、この機会に開通させておくと良いでしょう。

大手インターネット通信サービス一覧

サービス名	月額料金（税込）	最大通信速度
フレッツ光　東日本	5,940円 （＋プロバイダ料金）	1Gbps
フレッツ光　西日本	5,940円 （＋プロバイダ料金）	1Gbps
@nifty光	5,720円	1Gbps
ドコモ光	5,720円	1Gbps
ソフトバンク光	5,720円	1Gbps
auひかり	3年プラン：5,390円／ 2年プラン：5,720円	1Gbps
NUROひかり	3年プラン：5,200円／ 2年プラン：5,700円	2Gbps
BIGLOBE光	5,478円	1Gbps
楽天ひかり	5,280円	1Gbps
OCN光	5,610円	1Gbps

※2024年4月時点

光回線開通工事は各通信会社に確認してみてください。

パソコン、モニターを揃えそう

◆パソコンはできるだけ新しいものを

では続いて、株価情報の取得や注文に欠かせない、パソコン、モニター、スマホ等の情報端末について、私が行っている環境も含めてお伝えします。

まずはパソコンです。

ときどき受講生から「パソコンはデスクトップが良いですか？　それともノートパソコンが良いですか？」といった質問を受けることがあります。デスクトップパソコンとは、自分のデスクなど決まった場所で使うパソコンで、持ち運びできないタイプのものになります。それに対し、ノートパソコンとは、折りたたむとカバンなどに入れ、持ち運びできるタイプのパソコンです。

どちらを選ぶかについては、実際のトレードを行うシーンによって変わると思いますが、モニターを複数台接続したい場合は、デスクトップパソコンが使いやすいのではないかと思います。

私はほとんどのデイトレードを事務所のパソコンで行っています。ときどき自宅のパソコンや、出張中はノートパソコンを使うこともあります。

重要なのは、パソコンの性能です。価格が安いからと言って、中古パソコンや、性能の低いパソコンを選んでしまうと、すぐに動きが悪くなる可能性があります。したがって、できるだけ新しいパソコンを使うことをお勧めします。

パソコンのスペックとしては、図を参考にしてみてください。これはあくまでも参考ですが、これくらいの性能であれば問題ないでしょう。

デイトレードに使うパソコンのスペック

OS	Windows 11 Pro
CPU	Core i5～7
メモリ	8～16GB
ストレージ	1TB

◆モニターは1台で十分

ときどき受講生から「デイトレードをする場合、モニターは何台必要ですか?」といった質問を受けることがあります。

モニター1台でも「株のデイトレード」は十分可能です。もし可能であれば2台もあれば

私の事務所のトレードルーム

十分かと思います。

ちなみに図の写真は、私の事務所にあるトレードルームの環境です。私はトレードを行うのが仕事なので、これだけのモニターを揃えていますが、一般の人がここまでする必要はありません。

まずは、できるところからやってみましょう。

◆お勧めの方はスマートフォン、タブレットも活用しよう

株式市場の取引時間は平日の9時～15時となるため、お勤めの方などはスマートフォンやタブレットで株価をチェックしてデイトレードをしているケースがよくあります。

実際に私の受講生の中には、タブレットだけを使って日々デイトレードを行い、毎月50万円から時には100万円以上の利益を出しているツワモノデイトレーダーもいらっし

スマートフォン向けの専用取引アプリの例（iSPEED）

ゃいます。それだけ、スマートフォンやタブレットで取引できる環境が揃っているということですね。

現在、多くの証券会社からスマートフォン、タブレット向けの専用取引アプリが提供されています。これらのアプリを利用することで、いつでもどこでも、リアルタイムの市場情報を確認しながら取引を行うことができます。

また、スマートフォン、タブレットに提供されているチャート分析アプリを利用することで、テクニカル分析を行いながら、市場のトレンドや、取引のタイミングをチェックすることができます。

デメリットとしては、表示される画面が小さく、情報が限定されることから、取引がやりにくい場合があるということです。ただ、慣れれば問題はありません。

お勧めの方や、外出が多い方などはスマートフォン、タブレットをフルに活用してください。

デイトレードで使いたい証券会社

◆「SBI証券」か「楽天証券」がお勧め

「株のデイトレード」は、取引の性格上、何度も取引を繰り返しますので、当然、手数料は安ければ安いほど有利になります。そこで、デイトレードで使いたい証券会社はズバリ「SBI証券」「楽天証券」の2社です。

第2章でもお伝えしましたが、この2社は株式の取引手数料が無料化されました。これはデイトレーダーにとっては最高に嬉しいニュースです。だって何十回もトレードを繰り返すと、手数料だけでも馬鹿にならないのに、これが「無料」なら非常に利益が出しやすくなるのは当たり前！

なのでこれから「株のデイトレード」を始めるなら「SBI証券」、「楽天証券」がお勧めです。

◆両方に口座開設して試してみよう

「じゃあ、どちらの証券会社に申し込めば良いですか?」という質問が出てきそうですが、私は両方に口座開設して、実際に取引ソフトやアプリを体験して、使いやすいと思った方で取引すれば良いと考えています。私も両方の証券会社に口座を持っており、使い分けています。

なので一度、両方の証券会社を試してみて、使いやすい方を使ってみてください。

取引ツールをダウンロードしよう

◆SBI証券の場合の操作手順

さて証券会社に口座を開設すると、証券会社から口座へアクセスするための「ID、パスワード」が届きますので、口座をアクセスして取引ツールをダウンロードしてみましょう。まず、SBI証券の場合で説明します。

①SBI証券のトップページ（https://www.sbisec.co.jp/）にアクセスして、ID、パスワードを入力し、ログインします。

②ログインできたら、次に「取引用ツール」をダウンロードしましょう。ログインページの右側のメニューの下の方にツールのバナーがありますので（2024年4月現在）、そのバナーをクリックします。

SBI証券の操作手順

①ID、パスワードを入力し、ログイン

②バナーをクリック

③「Windows版」または「Mac版」をダウンロード

Google Play で手に入れよう
App Store からダウンロード

④スマートフォン用の取引アプリをダウンロード

③取引用ツールのダウンロードページが開きますので、「Windows版」または「Mac版」のうち、お使いのパソコンのOS用のものをダウンロードしてください。

④続いて、外出中でも取引ができるよう、スマートフォン用の取引アプリもダウンロードします。こちらも、お使いのスマートフォンのOSに沿ってダウンロードを行ってください。

アプリがダウンロードできれば、ID、パスワードを入力すればすぐに使えるようになります。

◆楽天証券の場合の操作手順

次に、楽天証券の場合を説明します。

①トップページ（https://www.rakuten-sec.co.jp/）にアクセスしたら、ＩＤ、パスワードを入力し、ログインしてみましょう。ログインができれば口座へのアクセスはＯＫです。

②サイトにログインした状態で、今度は取引ツールをダウンロードしましょう。ログインしたページ上部のメニューから「国内株式」をクリックします。次に「国内株式」のページの右メニューの下の方にいくとバナーが出てきますので、「ＭＡＲＫＥＴＳＰＥＥＤⅡ」をクリックします。

③クリックすると、「ＭＡＲＫＥＴＳＰＥＥＤⅡ」のページに変わります。このページの「今すぐダウンロードを開始する」ボタンからダウンロードできます。なお、「ＭＡＲＫＥＴＳＰＥＥＤⅡ」はＷｉｎｄｏｗｓ版のみの対応になります。

④続いて、外出中でも取引ができるよう、スマートフォン用の取引アプリもダウンロードします。同じように、「ｉＳＰＥＥＤ株・投資情報」のバナーをクリックします。

⑤すると i SPEEDのページに切り替わります。このページのダウンロード画面よりアプリが入手できます。

楽天証券の操作手順

ダウンロードの方法は、とても簡単ですので、ぜひ、やってみてください。どうしてもうまくいかない場合は、各証券会社のコールセンターにお問い合わせいただければ、すぐに解決するでしょう。

05 信用取引口座を開設しよう

◆早ければ数日で口座開設が可能

では次に「信用取引口座」の解説方法についてお伝えします。第2章でお伝えした通り、この本では信用取引をお勧めしています。

「信用取引口座」は、各証券会社のサイトからすぐに申し込むことができます。

以前は「信用取引口座」の開設まで2週間ほどかかっていましたが、今ではかなり短縮され、早ければ数日で口座開設が可能になっています。それだけ個人投資家にも身近な存在になったと言えるでしょう。

さあ、今すぐ「信用取引口座」を申し込みましょう！

◆信用取引口座の申し込みの審査は簡単

なお「信用取引口座」を申し込む際、簡単な「審査」が実施されます。「審査」と言うと身構えてしまうかもしれませんが、別に難しいものではありませんので安心してください。サイト上で、必要事項、設問にチェックを入れて、本人確認書類（運転免許証、マイナンバーカード、通知カード等）をアップロードして申し込むだけの簡単な審査になります。はじめての方でも、10分ほどあれば申し込みできると思います。

インターネットで「信用取引　申し込み」などのキーワードで検索すると、いろんなサイトで口座の開設方法に触れているので、そちらも参考にすると良いでしょう。

◆信用取引の審査に落ちる人の条件

ただし、すべての人が「信用取引口座」に申し込めるかと言うとそうではありません。信用取引の審査基準は、すべての証券会社共通のものと、各証券会社が独自に設けているものがあり、これらをクリアすることが条件になっています。

とはいえ、落とすための審査基準ではないので、普通の個人投資家であれば、基本的にクリアできる基準が設定されています。ただ以下に該当する方などは拒否される場合があります。

・反社会勢力、暴力団員ならびに関係者
・国際テロリスト、またはそれらに類する人
・銀行、証券、保険、上場会社の従業員、役員
・他人名義での申し込み
・海外在住者
・保有している金融資産（証券会社に入金する金額ではありません）が100万円以下

万一、審査に落ちても、金融資産の状況を改善できたり、他の証券会社で申し込むことで、信用取引口座を開設できる場合がありますので、必要以上に心配することはありません。

06

取引ツールにログインしてみよう

◆取引ツールはいろんな情報にアクセスできる

めでたく「信用取引」が開設できたところで、次にやっていただきたいのが、「取引ツール」へのログインです。

実際に「株のデイトレード」は、「取引ツール」から注文を行うことになります。「取引ツール」にログインすると、いろんな情報にアクセスできます。日経平均株価や日経先物市場、個別株の株価情報また値上がりのランキングなど、目の前でリアルタイムの情報が手に入ります。

SBI証券「ハイパーSBI2」

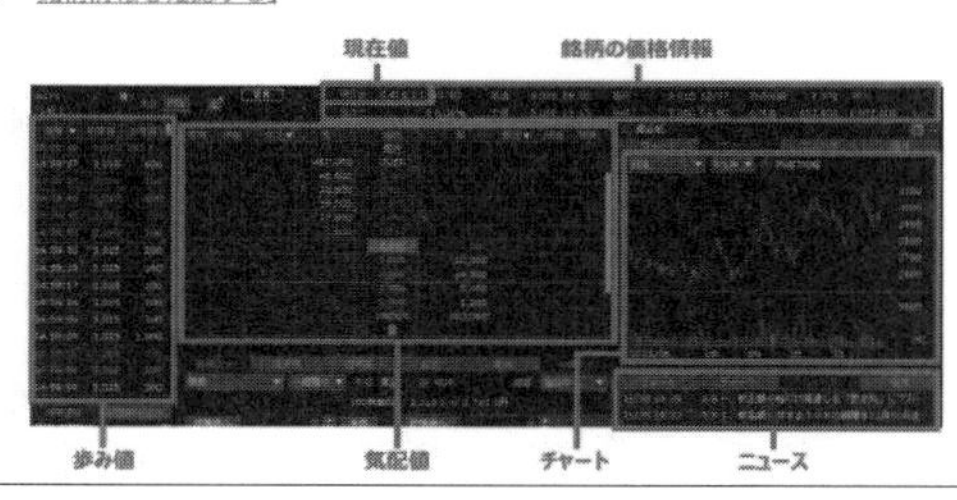

楽天証券「MARKETSPEED Ⅱ」

◆必要最低限の機能だけ使えば十分

「取引ツール」にアクセスして一番驚くのが、情報量の多さでしょう。証券会社各社、顧客を囲い込むため、どんどん「取引ツール」のバージョンアップを行っており、さまざまな情報がリアルタイムで提供されています。

私も普段からSBI証券、楽天証券のツールを使っているのですが、いろんな情報を瞬時に受け取れるので、とても重宝しています。

ただ、はじめてこれらの「取引ツール」に触れた時、一番悩むのが「操作方法」でしょう。情報量が多いということは、それだけたくさんの操作手順があるため、「何からすれば良いのか……?」という悩みにぶつかります。

実際に私もこれら2つのツールを使っていますが、すべての機能を使っているわけではなく、「株のデイトレード」に必要最低限の機能しか使っていません。逆に言うと、必要最低限の情報を受け取れさえすれば、十分資産を増やすことができるのです。

そこで私が主に使っている機能をご紹介したいと思います。

07

私がハイパーSBI2でよく使う機能

「個別銘柄」機能

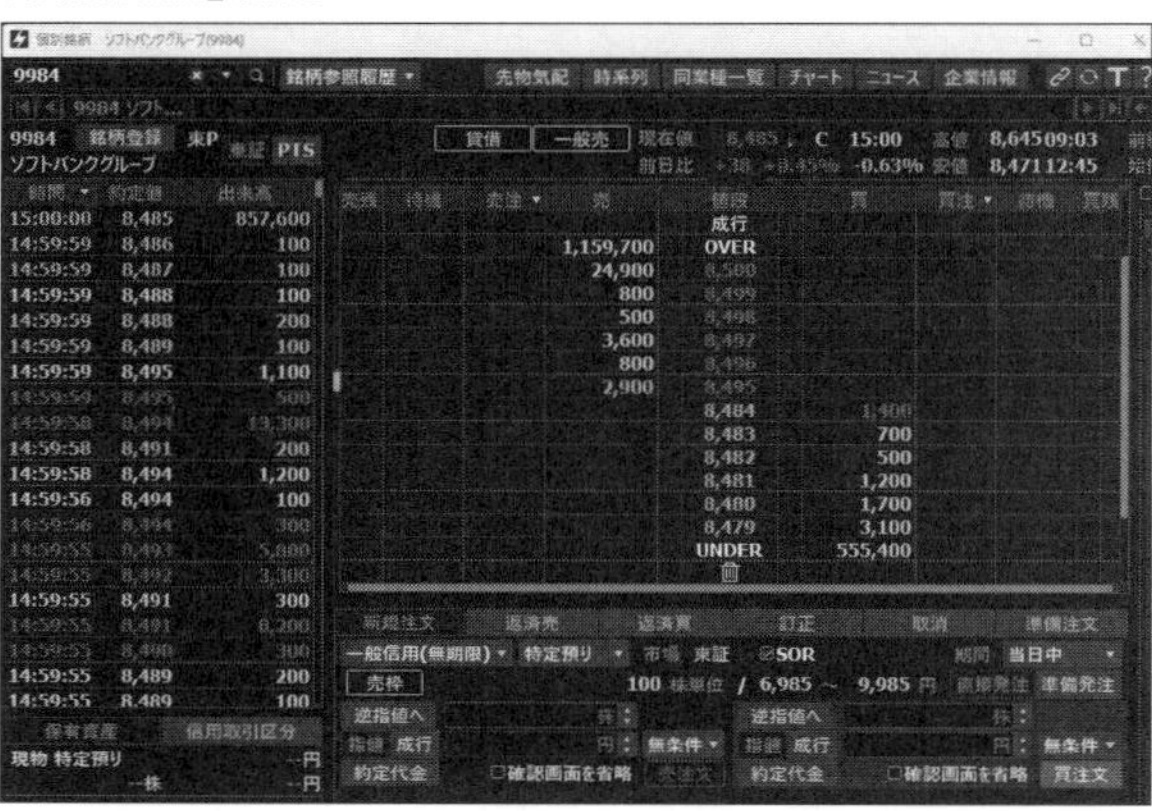

◆もっともよく使う「個別銘柄」機能

まずはSBI証券の「ハイパーSBI2」というツールの機能から紹介します。

私がもっともよく使っているのが「個別銘柄」という機能です。この「個別銘柄」から、日々の注文を発注し、デイトレードを行っています。

この「個別銘柄」は、売り買いの数量や、「歩み値」と呼ばれるリアルタイムの約定の情報が得られます。

「保有銘柄」機能

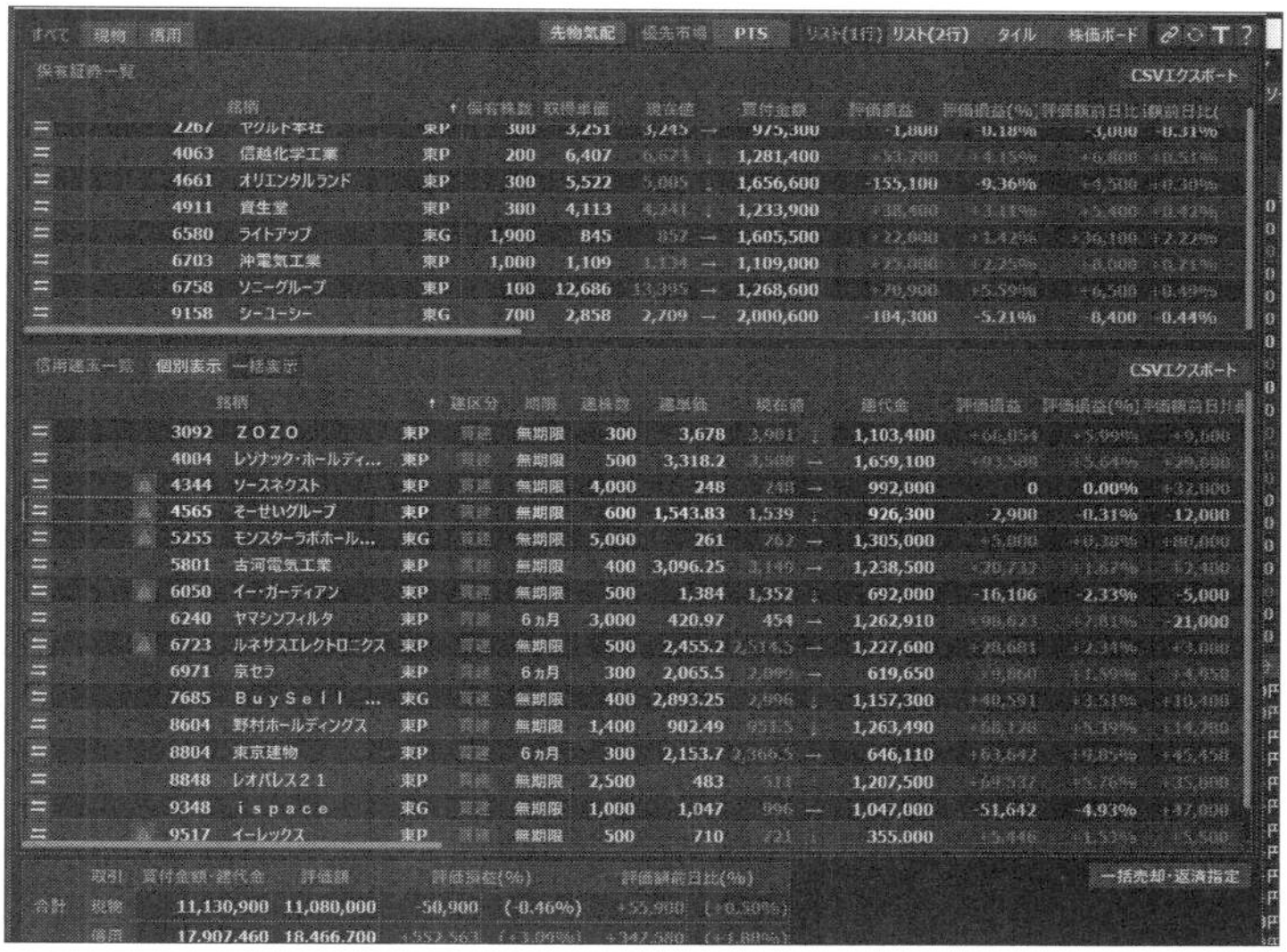

すべて 現物 信用 先物気配 優先市場 PTS リスト(1行) リスト(2行) タイル 株価ボード

保有証券一覧 CSVエクスポート

コード	銘柄	市場	保有株数	取得単価	現在値	買付金額	評価損益	評価損益(%)	評価額前日比	前日比(
2267	ヤクルト本社	東P	300	3,251	3,245 →	975,300	-1,800	-0.18%	-3,000	-0.31%
4063	信越化学工業	東P	200	6,407	[illegible] ↓	1,281,400	[illegible]	[illegible]	[illegible]	[illegible]
4661	オリエンタルランド	東P	300	5,522	[illegible] ↓	1,656,600	-155,100	-9.36%	[illegible]	[illegible]
4911	資生堂	東P	300	4,113	[illegible] ↓	1,233,900	[illegible]	[illegible]	[illegible]	[illegible]
6580	ライトアップ	東G	1,900	845	[illegible] →	1,605,500	[illegible]	[illegible]	[illegible]	[illegible]
6703	沖電気工業	東P	1,000	1,109	[illegible] →	1,109,000	[illegible]	[illegible]	[illegible]	[illegible]
6758	ソニーグループ	東P	100	12,686	[illegible] →	1,268,600	[illegible]	[illegible]	[illegible]	[illegible]
9158	シーユーシー	東G	700	2,858	2,709 →	2,000,600	-184,300	-5.21%	-8,400	-0.44%

信用建玉一覧 個別表示 一括表示 CSVエクスポート

コード	銘柄	市場	建区分	期限	建株数	建単価	現在値	建代金	評価損益	評価損益(%)	評価額前日比
3092	ＺＯＺＯ	東P	[illegible]	無期限	300	3,678	[illegible] ↓	1,103,400	[illegible]	[illegible]	[illegible]
4004	レゾナック・ホールディ…	東P	[illegible]	無期限	500	3,318.2	[illegible] →	1,659,100	[illegible]	[illegible]	[illegible]
4344	ソースネクスト	東P	[illegible]	無期限	4,000	248	[illegible] →	992,000	0	0.00%	[illegible]
4565	そーせいグループ	東P	[illegible]	無期限	600	1,543.83	1,539 ↓	926,300	2,900	-0.31%	-12,000
5255	モンスターラボホール…	東G	[illegible]	無期限	5,000	261	[illegible] →	1,305,000	[illegible]	[illegible]	[illegible]
5801	古河電気工業	東P	[illegible]	無期限	400	3,096.25	[illegible] →	1,238,500	[illegible]	[illegible]	[illegible]
6050	イー・ガーディアン	東P	[illegible]	無期限	500	1,384	1,352 ↓	692,000	-16,106	-2.33%	-5,000
6240	ヤマシンフィルタ	東P	[illegible]	6ヵ月	3,000	420.97	454 →	1,262,910	[illegible]	[illegible]	-21,000
6723	ルネサスエレクトロニクス	東P	[illegible]	無期限	500	2,455.2	[illegible] →	1,227,600	[illegible]	[illegible]	[illegible]
6971	京セラ	東P	[illegible]	6ヵ月	300	2,065.5	[illegible] →	619,650	[illegible]	[illegible]	[illegible]
7685	ＢｕｙＳｅｌｌ …	東G	[illegible]	無期限	400	2,893.25	[illegible] ↓	1,157,300	[illegible]	[illegible]	[illegible]
8604	野村ホールディングス	東P	[illegible]	無期限	1,400	902.49	[illegible] ↓	1,263,490	[illegible]	[illegible]	[illegible]
8804	東京建物	東P	[illegible]	6ヵ月	300	2,153.7	[illegible] →	646,110	[illegible]	[illegible]	[illegible]
8848	レオパレス２１	東P	[illegible]	無期限	2,500	483	[illegible]	1,207,500	[illegible]	[illegible]	[illegible]
9348	ｉｓｐａｃｅ	東G	[illegible]	無期限	1,000	1,047	[illegible] →	1,047,000	-51,642	-4.93%	[illegible]
9517	イーレックス	東P	[illegible]	無期限	500	710	[illegible] ↓	355,000	[illegible]	[illegible]	[illegible]

	取引	買付金額・建代金	評価額	評価損益(%)		評価額前日比(%)	
合計	現物	11,130,900	11,080,000	-50,900	(-0.46%)	[illegible]	[illegible]
	信用	17,907,460	18,466,700	[illegible]	[illegible]	[illegible]	[illegible]

一括売却・返済指定

◆「保有銘柄」機能もよく使う

次によく使っているのが「保有銘柄」という機能です。

これは、現在保有中の銘柄が表示される機能で、リアルタイムで変動する株価、それに伴う「損益状況」が自動で更新されます。

ただし、証券会社によっては自動更新されないツールもありますので注意してください。

「マーケット」機能

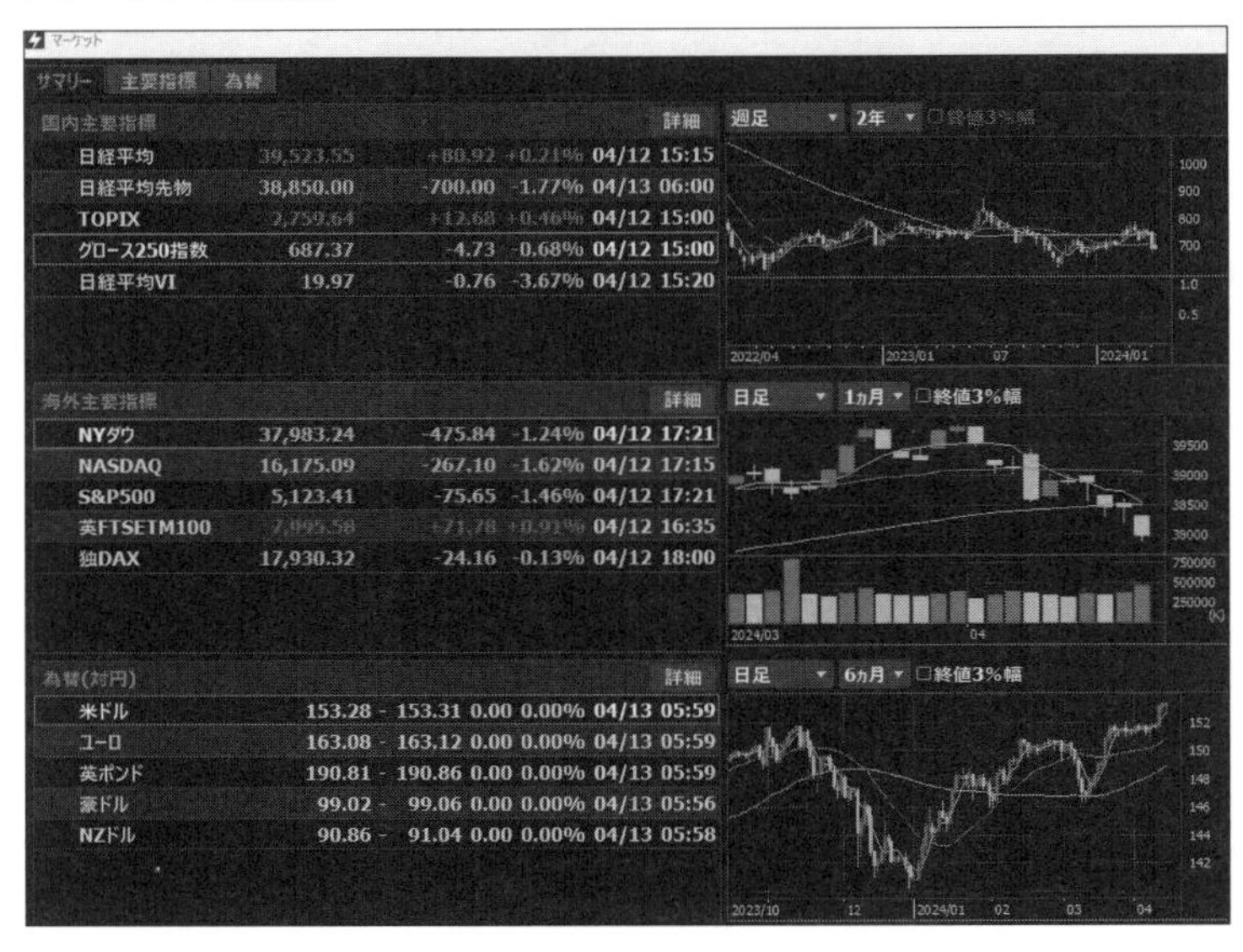

◆「マーケット」機能で相場全体の動きを把握

また相場全体の動きを把握するために欠かせないのが「マーケット」機能です。

この機能は、日本の代表的な株価指標やTOPIX、日経先物や、ドル円をはじめとする外国為替市場、また海外の株式指標などが表示されます。私はこれらの指標を見ながらデイトレード戦略を考えます。例えば、日経平均株価やTOPIXが高い時は「東証プライム」の銘柄中心にデイトレードを仕掛け、東証グロース指数が高い場合は「東証グロース」の銘柄をデイトレードすることで、より成功率が高まるのです。

私がMARKETSPEEDⅡでよく使う機能

◆「個別銘柄」機能でトレード対象となる銘柄を探す

次に楽天証券の「MARKETSPEEDⅡ」というツールから、私が普段使っている機能をご紹介します。

まずは「個別銘柄」という機能です。

先ほどご紹介したSBI証券のものと同じような画面ですが、私は実際の取引ではSBI証券の「個別銘柄」を使い、楽天証券の「個別銘柄」はトレード対象となる銘柄を探す時に使っています。

というのも楽天証券の「個別銘柄」では、板情報とチャート情報を並列して使えるので、そのように使い分けています。

「個別銘柄」機能

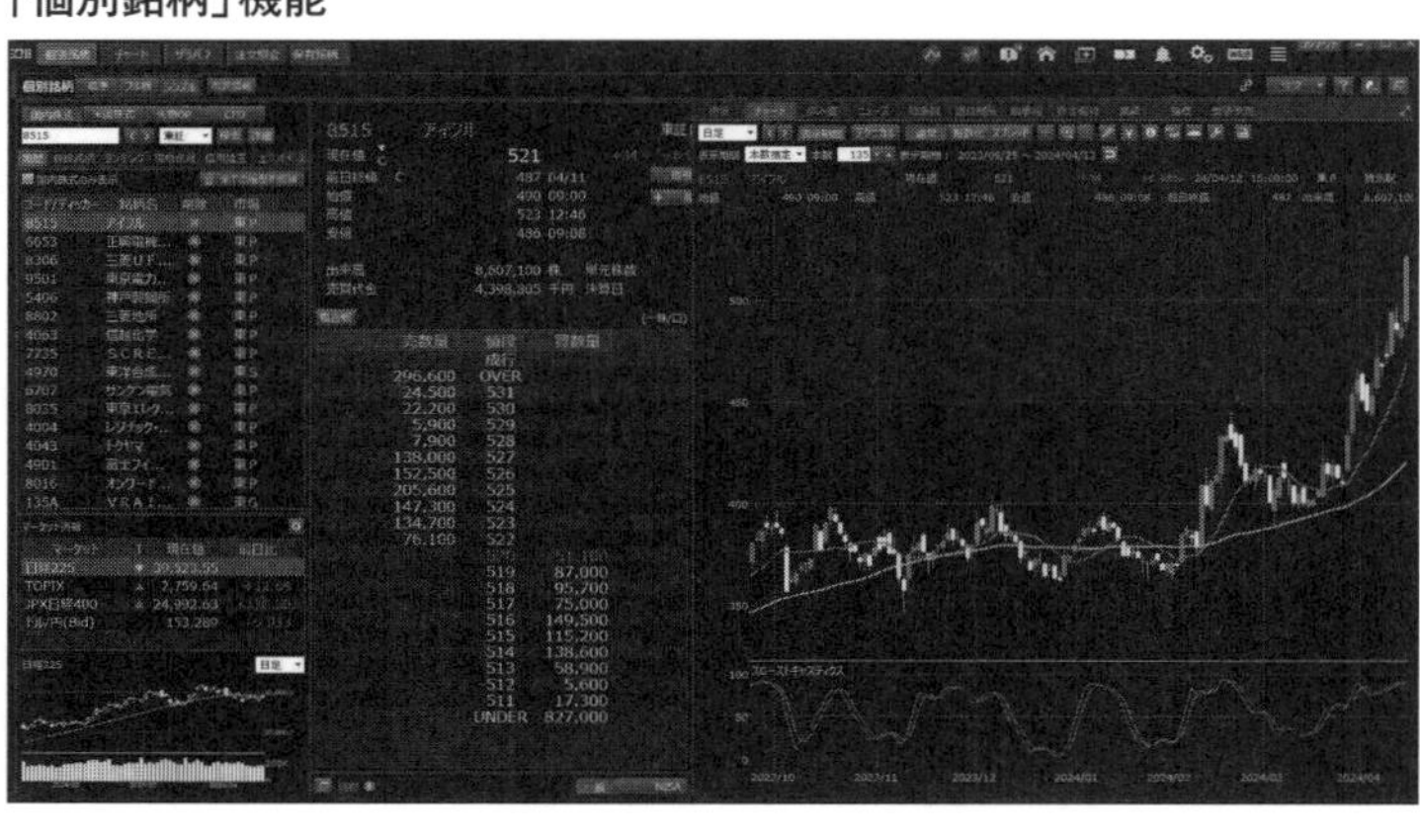

◆「登録銘柄情報」機能で価格が変動する銘柄をチェック

次に私が重要視しているのが「登録銘柄情報」という機能です。

この機能では、任意に選んだ銘柄が株価の変動によって自動でソート（順位が入れ替わる）されます。やはり「株のデイトレード」では、変動する銘柄をトレードした方が利益を出しやすくなるので、この機能をフルに活用しています。

◆「ランキング」機能で値上がり率や約定回数をチェック

続いて「ランキング」という機能です。私は主に「値上がり率ランキング」「ティック回数ランキング」を使っています。

「登録銘柄情報」機能

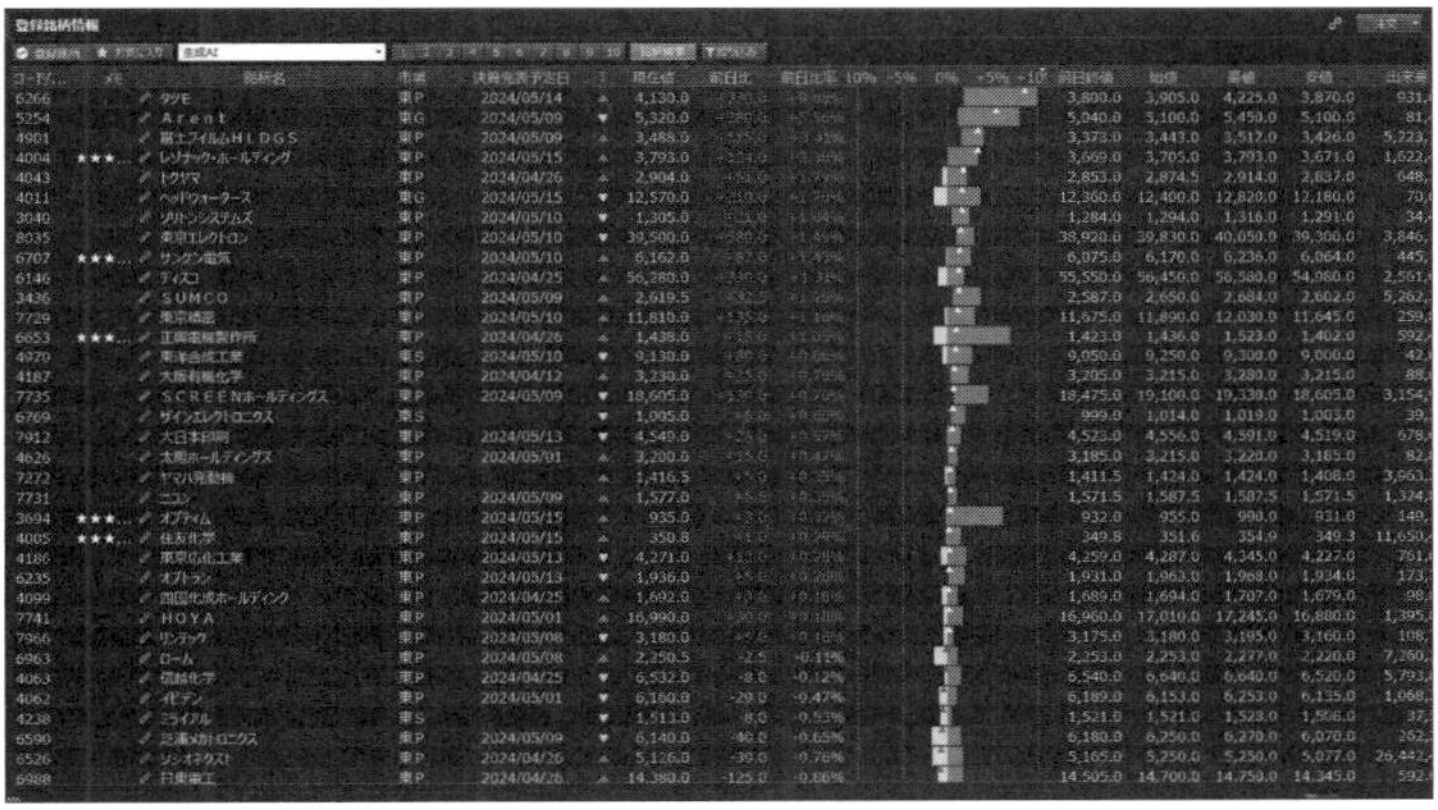

登録銘柄情報

生成AI

コード/...	メモ	銘柄名	市場	決算発表予定日	↕	現在値	前日比	前日比率	前日終値	始値	高値	安値	出来高
6266		タツモ	東P	2024/05/14	▲	4,130.0	[illegible]	[illegible]	3,800.0	3,905.0	4,225.0	3,870.0	931,
5254		Ａｒｅｎｔ	東G	2024/05/09	▼	5,320.0	[illegible]	[illegible]	5,040.0	5,100.0	5,450.0	5,100.0	81,
4901		富士フイルムＨＬＤＧＳ	東P	2024/05/09	▲	3,488.0	[illegible]	[illegible]	3,373.0	3,443.0	3,512.0	3,426.0	5,223,
4004	★★★...	レゾナック・ホールディング	東P	2024/05/15	▲	3,793.0	[illegible]	[illegible]	3,669.0	3,705.0	3,793.0	3,671.0	1,622,
4043		トクヤマ	東P	2024/04/26	▲	2,904.0	[illegible]	[illegible]	2,853.0	2,874.5	2,914.0	2,837.0	648,
4011		ヘッドウォータース	東G	2024/05/15	▼	12,570.0	[illegible]	[illegible]	12,360.0	12,400.0	12,820.0	12,180.0	70,
3040		ソリトンシステムズ	東P	2024/05/10	▼	1,305.0	[illegible]	[illegible]	1,284.0	1,294.0	1,316.0	1,291.0	34,
8035		東京エレクトロン	東P	2024/05/10	▼	39,500.0	[illegible]	[illegible]	38,920.0	39,830.0	40,050.0	39,300.0	3,846,
6707	★★★...	サンケン電気	東P	2024/05/10	▲	6,162.0	[illegible]	[illegible]	6,075.0	6,170.0	6,236.0	6,064.0	445,
6146		ディスコ	東P	2024/04/25	▲	56,280.0	[illegible]	[illegible]	55,550.0	56,450.0	56,580.0	54,080.0	2,561,
3436		ＳＵＭＣＯ	東P	2024/05/09	▲	2,619.5	[illegible]	[illegible]	2,587.0	2,650.0	2,684.0	2,602.0	5,262,
7729		東京精密	東P	2024/05/10	▲	11,810.0	[illegible]	[illegible]	11,675.0	11,890.0	12,030.0	11,645.0	259,
6653	★★★...	正興電機製作所	東P	2024/04/26	▲	1,438.0	[illegible]	[illegible]	1,423.0	1,436.0	1,523.0	1,402.0	592,
4970		東洋合成工業	東S	2024/05/10	▼	9,130.0	[illegible]	[illegible]	9,050.0	9,250.0	9,300.0	9,000.0	42,
4187		大阪有機化学	東P	2024/04/12	▲	3,230.0	[illegible]	[illegible]	3,205.0	3,215.0	3,280.0	3,215.0	88,
7735		ＳＣＲＥＥＮホールディングス	東P	2024/05/09	▼	18,605.0	[illegible]	[illegible]	18,475.0	19,100.0	19,330.0	18,605.0	3,154,
6769		ザインエレクトロニクス	東S		▼	1,005.0	[illegible]	[illegible]	999.0	1,014.0	1,019.0	1,003.0	39,
7912		大日本印刷	東P	2024/05/13	▼	4,549.0	[illegible]	[illegible]	4,523.0	4,556.0	4,591.0	4,519.0	678,
4626		太陽ホールディングス	東P	2024/05/01	▲	3,200.0	[illegible]	[illegible]	3,185.0	3,215.0	3,220.0	3,185.0	82,
7272		ヤマハ発動機	東P		▲	1,416.5	[illegible]	[illegible]	1,411.5	1,424.0	1,424.0	1,408.0	3,963,
7731		ニコン	東P	2024/05/09	▲	1,577.0	[illegible]	[illegible]	1,571.5	1,587.5	1,587.5	1,571.5	1,324,
3694	★★★...	オプティム	東P	2024/05/15	▲	935.0	[illegible]	[illegible]	932.0	955.0	990.0	931.0	149,
4005	★★★...	住友化学	東P	2024/05/15	▲	350.8	[illegible]	[illegible]	349.8	351.6	354.9	349.3	11,650,
4186		東京応化工業	東P	2024/05/13	▼	4,271.0	[illegible]	[illegible]	4,259.0	4,287.0	4,345.0	4,227.0	761,
6235		オプトラン	東P	2024/05/13	▼	1,936.0	[illegible]	[illegible]	1,931.0	1,963.0	1,968.0	1,934.0	173,
4099		四国化成ホールディング	東P	2024/04/25	▲	1,692.0	[illegible]	[illegible]	1,689.0	1,694.0	1,707.0	1,679.0	98,
7741		ＨＯＹＡ	東P	2024/05/01	▲	16,990.0	[illegible]	[illegible]	16,960.0	17,010.0	17,245.0	16,880.0	1,395,
7966		リンテック	東P	2024/05/08	▼	3,180.0	[illegible]	[illegible]	3,175.0	3,180.0	3,195.0	3,160.0	108,
6963		ローム	東P	2024/05/08	▲	2,250.5	-2.5	-0.11%	2,253.0	2,253.0	2,277.0	2,220.0	7,260,
4063		信越化学	東P	2024/04/25	▼	6,532.0	-8.0	-0.12%	6,540.0	6,640.0	6,640.0	6,520.0	5,793,
4062		イビデン	東P	2024/05/01	▼	6,160.0	-29.0	-0.47%	6,189.0	6,153.0	6,253.0	6,135.0	1,068,
4238		ミライアル	東S		▼	1,513.0	-8.0	-0.53%	1,521.0	1,521.0	1,523.0	1,506.0	37,
6590		芝浦メカトロニクス	東P	2024/05/09	▼	6,140.0	-40.0	-0.65%	6,180.0	6,250.0	6,270.0	6,070.0	262,
6526		ソシオネクスト	東P	2024/04/26	▲	5,126.0	-39.0	-0.76%	5,165.0	5,250.0	5,250.0	5,077.0	26,442,
6988		日東電工	東P	2024/04/26	▲	14,380.0	-125.0	-0.86%	14,505.0	14,700.0	14,750.0	14,345.0	592,

「値上がり率ランキング」は、各市場で値上がり率の高いものの順にリアルタイムで自動にソート（順位が入れ替わる）されます。「株のデイトレード」は、上昇率の高い銘柄を選ぶことで収益チャンスが生まれると思うので、この機能をよく使っています。

また「ティック回数ランキング」ですが、これは約定回数の多い順に表示されます。「約定回数が多い」ということは、出来高の数量も多いため、1日に何度もトレードするデイトレードではとても重要になります。

◆「チャート」機能は分足を使う

株価チャートは、すでに多くの個人投資家も使っている機能ですね。

「ランキング」機能

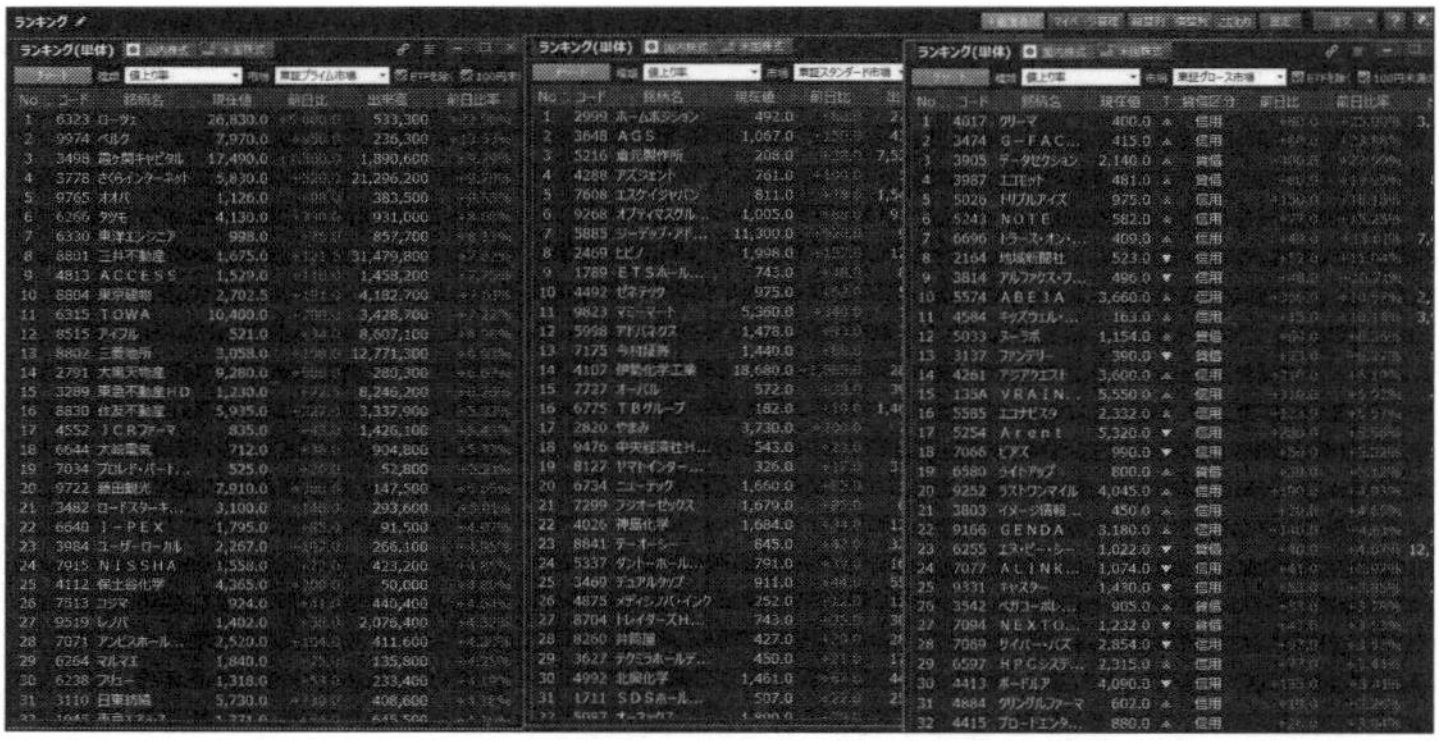

「デイトレード」の場合、基本的に足種は「分足」を使うことになると思います。私は「2分足」～「5分足」をよく使っていますが、これから「株のデイトレード」を始める場合、「5分足」から始めてみることをお勧めしています。

◆まずは操作に慣れることから始めよう

以上、私がデイトレードで使っている、2つの証券会社の取引ツールについて、お話してきました。これまでお話した機能以外にも、たくさんの機能がありますので、いろいろご自身で実際に操作してみることをお勧めします。

まずは、これら「取引ツール」の操作に慣れることから始めてみてください。操作方法については、それぞれ

「チャート」機能

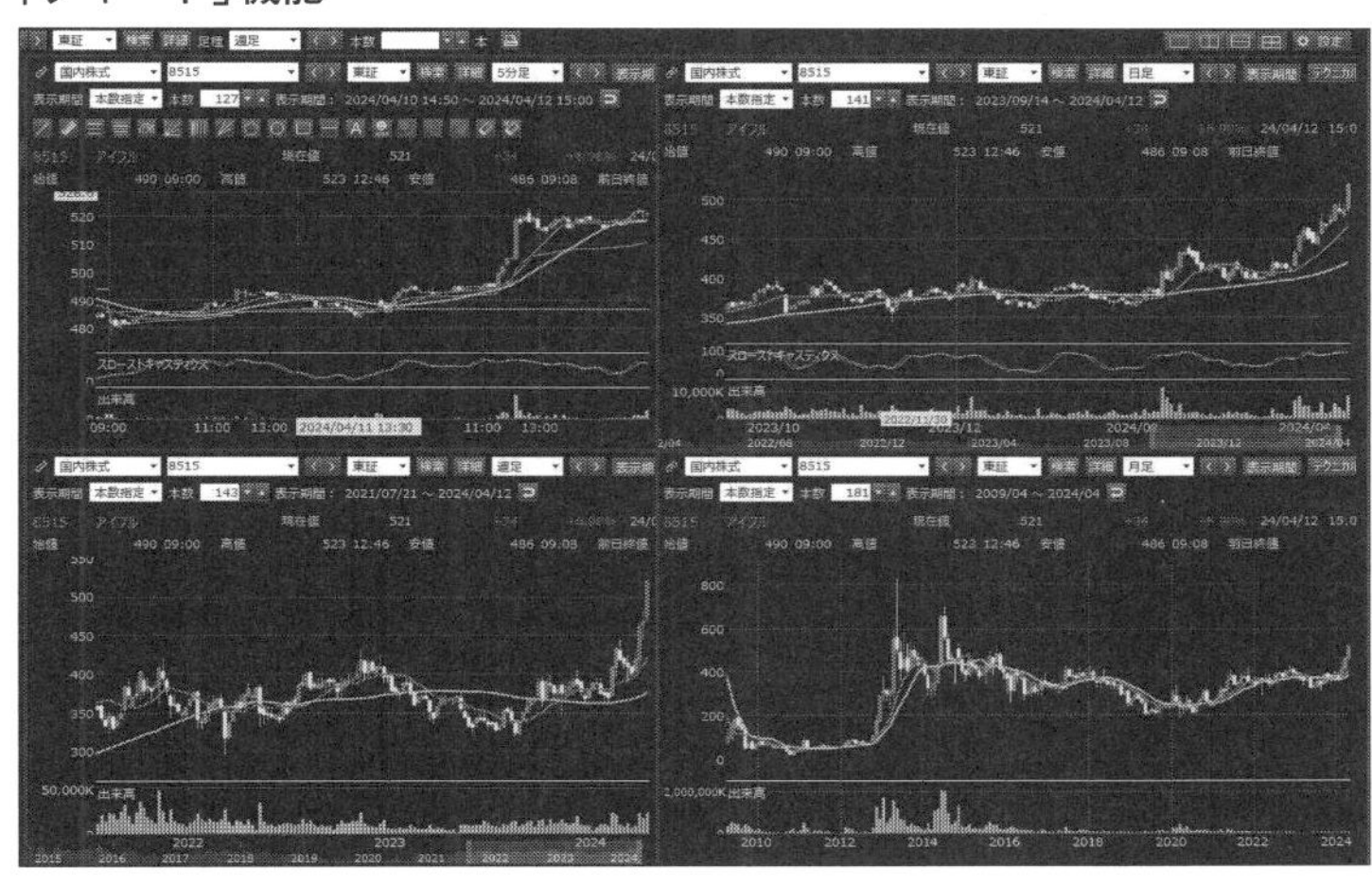

操作マニュアルが用意されているので、ＵＲＬをお伝えしておきます。

・ＳＢＩ証券「ハイパーＳＢＩ２」操作ガイド
……https://search.sbisec.co.jp/v2/popwin/guide/tool/hyper_sbi_2/

・楽天証券「ＭＡＲＫＥＴＳＰＥＥＤⅡ」操作ガイド
……https://marketspeed.jp/guide/manual/ms2_manual.pdf

09

デイトレードでよく使う2つの注文方法

◆デイトレードは「板情報」で注文する

「株のデイトレード」では2つの注文方法をよく使います。「成行注文」と「指値注文」です。どちらの注文方法も「デイトレード」では頻繁に使う注文方法なので、ここで説明しておきましょう。

まず、注文方法の説明に入る前に、注文を出す際に使う「板情報」について確認しておきます。「取引ツール」の注文方法にはいくつかのやり方がありますが、デイトレードを行う時に活用してほしいのが、「板情報」による注文方法です。

「板情報」とは図のように、中心に「気配値」があり、左側の「売り気配」には売り注文の数量、右側の「買い気配」には買い注文の数量が表示されたものです。これらの数字は、リアルタイムで変動し、デイトレードを行う時の重要な情報になります。

まずは、この「板情報」の気配値、売り気配、買い気配を覚えてください。

◆今すぐ売買したいなら「成行注文」

「成行注文」とは「いくらでも良いから、今すぐ買いたい（売りたい）」という時に使う注文方法です。

例えば、図の銘柄に「成行注文」で１００株買いの注文を入れたとしましょう。「成行注文」とは「いくらでも良いから、今すぐ買いたい」という注文方法なので、一番価格の安い「売り注文」で取引が成立します。この場合、一番価格の安い「売り注文」は８４９５円に２９００株売り注文があるので、８４９５円で１００株買えることになります。

板情報

売	値段	買
	成行	
1,157,200	OVER	
1,500	8,502	
1,000	8,501	
24,900	8,500	
800	8,499	
500	8,498	
3,600	8,497	
800	8,496	
2,900	8,495	
	8,484	1,400
	8,483	700
	8,482	500
	8,481	1,200
	8,480	1,700
	8,479	3,100
	8,478	2,800
	8,477	1,600
	UNDER	551,000

気配値
買い注文数
売り注文数

逆に「成行注文」で１００株売りの注文を入れたとしましょう。その場合、一番価格の高い「買い注文」で取引が成立します。一番価格の高い「買い注文」は

８４８４円に１４００株買い注文があるので、８４８４円で１００株売却できるのです。
実はデイトレードでは、新規でエントリーしてから決済までの時間が短いため、「成行注文」を使うことが多くなります。特に「損切り」を実行する場合は、ほぼすべての決済注文は「成行注文」で行うことになりますので、この注文方法を理解しておきましょう。

成行買い

売	値段	買
	成行	
1,157,200	OVER	
1,500	8,502	
1,000	8,501	
24,900	8,500	
800	8,499	
500	8,498	
3,600	8,497	
800	8,496	
2,900	8,495	
	8,484	1,400
	8,483	700
	8,482	500
	8,481	1,200
	8,480	1,700
	8,479	3,100
	8,478	2,800
	8,477	1,600

8495円で
100株
買い注文が成立

100株
成行買い注文

成行売り

売	値段	買
	成行	
1,157,200	OVER	
1,500	8,502	
1,000	8,501	
24,900	8,500	
800	8,499	
500	8,498	
3,600	8,497	
800	8,496	
2,900	8,495	
	8,484	1,400
	8,483	700
	8,482	500
	8,481	1,200
	8,480	1,700
	8,479	3,100
	8,478	2,800
	8,477	1,600
	UNDER	551,000

100株
成行売り注文

8484円で
100株
売り注文が成立

◆価格を指定して売買したいなら「指値注文」

では次に「指値注文」についてお伝えします。

「指値注文」とは先ほどの「成行注文」とは対照的に「この価格で買いたい（売りたい）」という注文方法になります。したがって、想定外の高値または安値で取引が成立することはありません。自分が決めた価格で取引が成立するので、ある意味、安全かもしれません。

指値買い

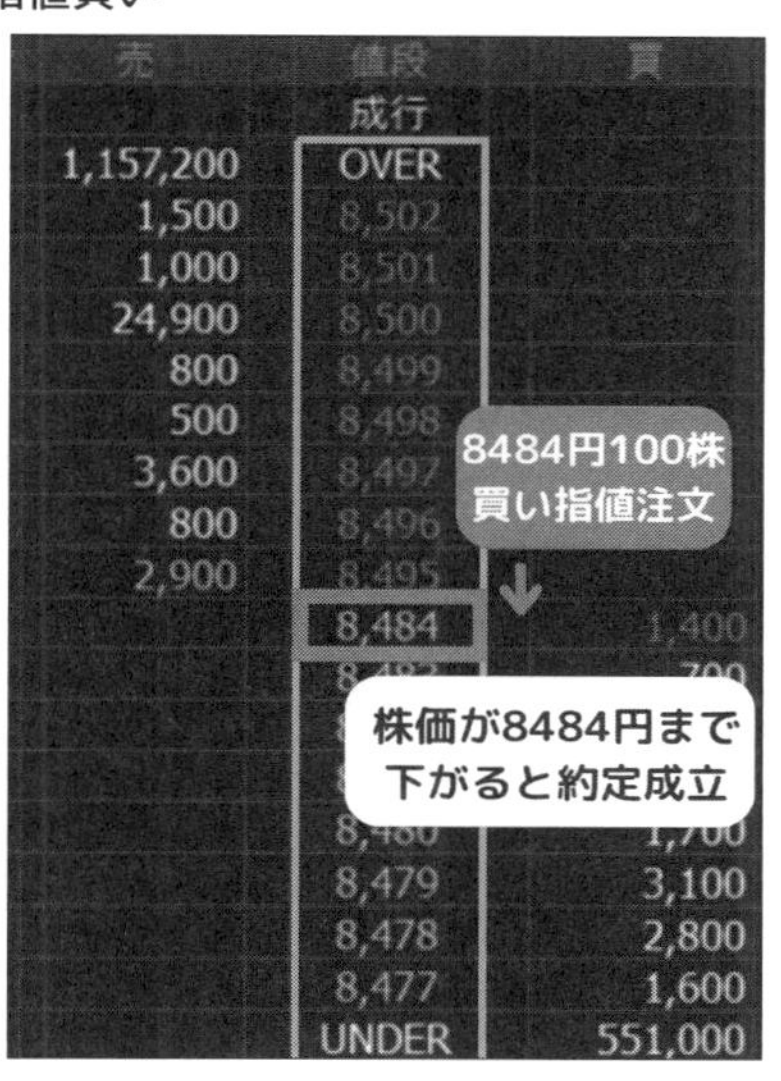

しかし「指値注文」では、株を買いたい場合、自分が「指値」を入れた価格、またはそれ以下にならないと買うことはできません（売る場合は「指値」を入れた価格以上にならないと売れません）。

例えば、仮に図の銘柄に８４８４円で１００株の「買い指値注文」を入れたとしましょう。その場合、株価が８４８３円まで下がれば、８４８４円で１００株買えることになります。

◆「指値注文」は必ず売り買いできるとは限らない

ただし、「指値注文」では自分の順番が回ってくるまでは買うことができません。どういうことかと言うと株式取引には「時間優先の原則」というものがあり、先に出された注文が、後の注文より優先されるのです。

つまりこの場合、1400株が先に出されているので、1400株の後の順番になるということです。仮に8484円で1200株の売り注文があり、8484円で取引が終了すれば、自分の順番ま

指値買い不成立

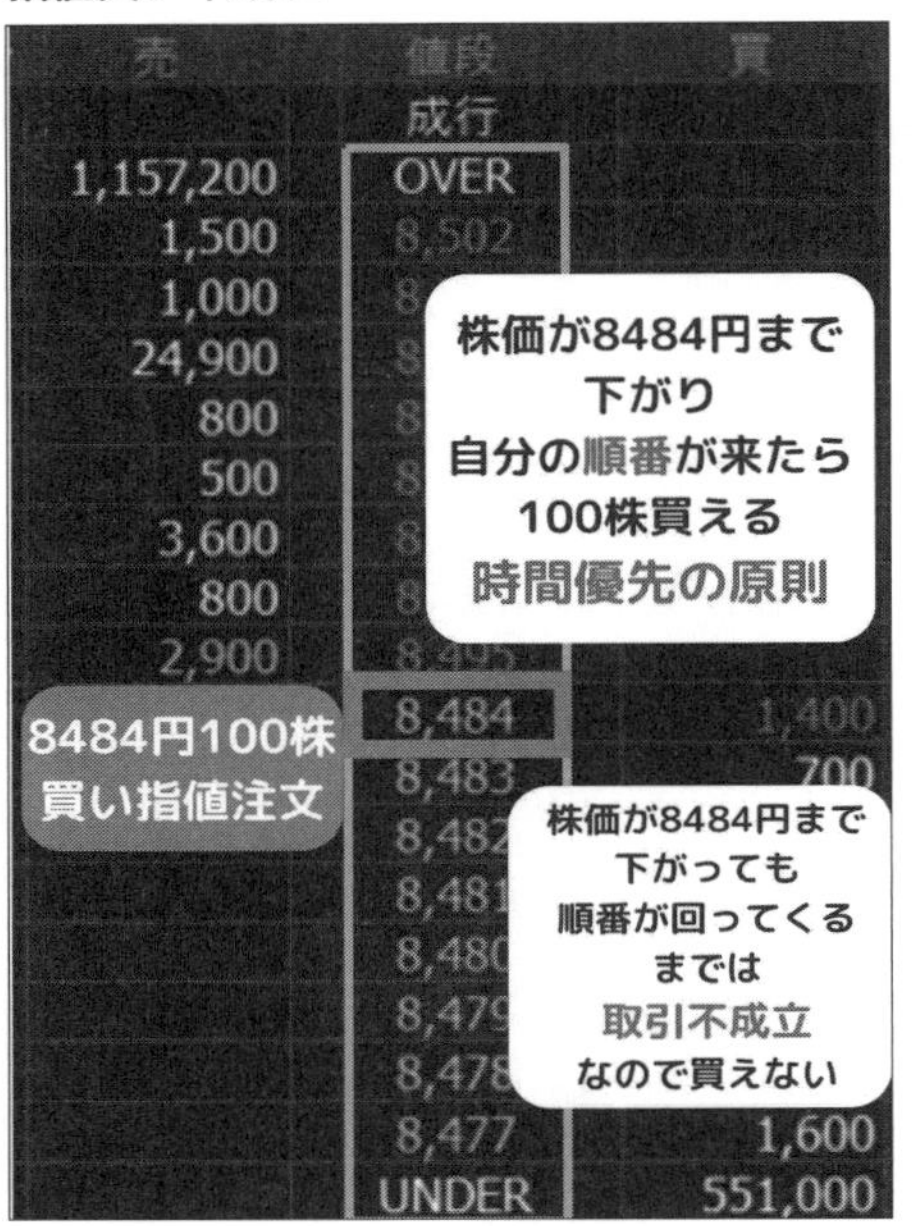

で回ってきていないので、「取引不成立」ということになり、買うことはできません。

「売り指値注文」も同様に、自分の売り注文の順番が回ってくるまでは「取引不成立」ということになり、売ることはできません。

このように「指値注文」は、必ず売り買いできるということではありませんので、どうしても「買いたい」「売りたい」という場合は、「成行注文」を使うべきでしょう。

10 証券会社に入金しよう

◆送金すればすぐに取引が可能

「信用口座」も開設し、注文方法を理解したら、いよいよ証券会社に投資資金を入金します。現在では、証券会社に送金する場合、ほとんど個人に割り当てられた送金先に振り込むことになります。銀行が開いている時間帯に送金すれば、すぐに自分の証券口座に振り込んだ資金が反映され、取引が可能になります。

◆まずは50万円で始めよう

ここで、いざ証券会社にお金を送金しようと思ったものの「いくら送金すれば良いのか?」という疑問を持たれたかもしれませんね。実は「株のデイトレードを始める場合、いくらの資金が必要なのか?」という質問をよくもらいます。そこで私の実体験から「株のデイトレード」で必要な資金についてお伝えします。
結論から言うと、最低50万円は必要というのが私の意見です。理由は次の通りです。

・「信用取引」は、最低30万円から取引が可能だが、1円でも減ると信用取引が継続できないので、余裕を持たせたい。
・50代以上の方は、キャッシュを多く保有しているが、最初から大きな金額をトレードに使うと、それだけリスクが高くなる。
・50万円でも、毎日数万円の利益を出すことは十分可能。

このような理由で、あくまで私の個人的見解ではありますが、まずは50万円からスタートしてみてはいかがでしょうか？

11 デイトレーダーとして成功するための〝7つのヒント〟

◆常に念頭に置き守り通そう

50万円の資金を証券会社に入金が完了すれば、あなたも晴れて「デイトレーダー」の仲間入りです。

ただし〝焦りは禁物〟！

これから、あなたが「デイトレーダー」として成功するために覚えておいてほしい〝7つのヒント〟をお伝えします。

この〝7つのヒント〟は、私が普段のトレーディングで常に念頭に置いているもので、今の私があるのも〝7つのヒント〟を常に忘れず守り通したからだと思っています。ぜひ、あなたも〝7つのヒント〟を常に念頭に置きながら成功へ駆け上がっていただきたいと思います。

①毎日の目標を立てること

実は、毎日の利益目標を立てている個人投資家は、ほとんどいないのが現状です。仮に立てていたとしても、なんとなく立てているというのがほとんどでしょう。

しかし、「毎日の目標を立てること」は、極めて重要であり、これがないとデイトレーダーとして成功するのは難しくなります。まずは、1カ月間の目標収益を決め、そこから1日の利益目標を決めてみてください。

②すぐに結果を期待しないこと

「すぐに結果を出したい」と思うのはよく理解できます。しかし結果を急ぐあまり、ちょっとしたことでガッカリしてあきらめてしまうトレーダーが非常に多いです。

少し想像してほしいのですが、今日入社したばかりの新入社員が、初日から仕事で結果を出すことができるでしょうか？　通常、新入社員は研修期間があり、それから現場に配属され、いろんな障害にぶつかりながら、それではじめて結果が出せるのではないでしょうか。

デイトレードも同じで、数日やっただけで成功するわけがありません。いろんな壁にぶち当たりながら、少しずつデイトレーダーとしての経験をして成功するのです。

③小さな利益を積み上げること

長期投資では時間を使うことで、株価が何倍にもなることがありますが、デイトレードは、エントリーから決済までの時間が短いため、1回の取引で大きな利益が得られるものではありません。デイトレードの利益は「小さな利益×売買回数」で表せます。結果、リスクを最小限に抑えながら、大きな利益が狙えるのです。

利益は小さくて構いません。重要なのは、それを積み上げることなのです。

④利益を損失に変えないこと

デイトレードでは「もう少し待っていれば、もっと儲かりそうだ」と利益確定するのを引き延ばしたことで、その直後に株価が急落して、せっかくの含み益が吹き飛んで損失に変わることがよく起こります。

これは先ほどの話にもつながるのですが、小さな利益を積み上げることを忘れ、大きな利益を期待したことで起きる現象です。利益を損失に変えないことを忘れないでください。

最悪なのが、損失を確定するのを嫌い、デイトレードでやってはいけない「ポジションの持ち越し」をして、余計に損失額を拡大させるパターンです。これをやっているうちは、絶対にデイトレードで成功することはできません。

⑤損失を受け入れること

繰り返しになりますが、デイトレードで一番やってはいけないのが「ポジションを翌日以降に持ち越すこと」です。

翌日に持ち越す理由のほとんどが「損をしたくない」という心理から起きるのです。しかし「ポジションを持ち越す」ということは、それだけ長時間にわたりリスクにさらすこととイコールであり、さらに損失が拡大するケースがほとんどです。つまり「ポジションの持ち越し」は、もっとも危険な行為なのです。

成功するデイトレーダーは、常に損失を受け入れています。彼らは、小さな損失なら、すぐに取り返せることを知っているからです。「損をしたくないな」と思ったら、このことを思い出すようにしてください。

⑥無理なトレードをしないこと

デイトレードは超短期トレードであるがゆえに、無理にトレードをしてしまうことがあります。例えば、相場は明らかな下落トレンドなのに「もうそろそろ反発するだろう」といった間違った憶測から連敗することがよく起こります。トレードチャンスがないにも関わらず、無理にチャンスを見出すことで、間違ったトレードを行ってしまうのです。「損を取り返してやる！」と無理なトレードをすれば、逆に返り討ちに会いますので、絶対に無理なトレードは控えてください。

⑦絶対にポジションを持ち越さないこと

デイトレードをしていて、ポジションを翌日以降に持ち越すことだけは絶対にやめてください。先ほどもお伝えしたように、良い結果につながることは、ほとんどありません。デイトレードは、その日にすべて決済して現金化するのがルールです。このルールを守れないと、デイトレードで成功はできないということを肝に銘じてください。

以上が、デイトレード成功するための〝7つのヒント〟です。この〝7つのヒント〟を忘れないためにも、ノートなどに書き起こすことをお勧めします。

第4章

紫垣流デイトレードの「チャート設定法」と「銘柄選択手法」

【デイトレ100万円企画

100万円まであと	達成	勝ち	25
勝率	89.28%	負け	3

日付	コード	銘柄	新規	株数	建単価	約定代金	返済	株数	返済単価	約定
2022/10/31	6770	アルプスアルパイン	信用新規売り	300株	¥1,325	¥397,500				
	6770	アルプスアルパイン	信用新規売り	700株	¥1,326	¥928,200	返済	1000株	¥1,315	¥1,3
2022/11/1		USD/JPY	新規買い	3	147.681		返済	3	148.076	
2022/11/1		USD/JPY	新規買い	7	147.337		返済	7	148.076	
2022/11/2	9021	JR西日本	信用新規買い	300株	¥5,781	¥1,734,500	返済	300株	¥5,818	¥1,7
2022/11/10	8111	ゴールドウィン	現物	200株	¥7,097	¥1,541,200	返済	200株	¥8,314	¥1,6
2022/11/11		NK225F	新規売り	2枚	¥28,285		返済	2枚	¥28,225	
2022/11/15		USD/JPY	新規売り	2	140.270		返済	2	139.387	
2022/11/15		USD/JPY	新規売り	3	140.167		返済	3	139.387	
2022/11/16	6125	岡本工作機械	信用新規買い	500株	¥4,617	¥2,308,500	返済	500株	¥4,711	¥2,3
2022/11/16	6614	シキノハイテック	現物買い	100株	¥2,603	¥260,454	返済	100株	¥2,910	¥2
2022/11/16	6095	メドピア	現物買い	100株	¥1,732	¥173,302	返済	100株	¥1,860	¥1
2022/11/16	6383	多摩川HD	信用新規買い	2500株	¥705	¥1,764,000	返済	2500株	¥734	¥1,8
2022/11/17		NK225F	新規売り	3枚	¥28,005		返済	3枚	¥27,920	

01 紫垣流デイトレードは勝率89・2%

◆基本を着実に身に付けよう

これまで「株のデイトレード」についての魅力や、始めるまでの準備について詳しくお伝えさせていただきました。

さて、いよいよここからは私が提唱する「紫垣流デイトレード」の具体的手法について、詳しくお伝えいたします。

本書を読んでいるあなたは「早くデイトレードでガンガン稼ぎたい！」と思っているかもしれません。でも仕事でもスポーツと同じように、「株のデイトレード」は準備をしたからと言って、すぐに結果が出るというものではありません。

なので「結果」を出すことを焦らないでください。本書で解説している私のデイトレード手法を何度も繰り返し反復し、着実に身に付けていただければ、たったの1カ月間で100万円の利益を出すことは十分可能です。

「デイトレ100万円チャレンジ」成績公開動画

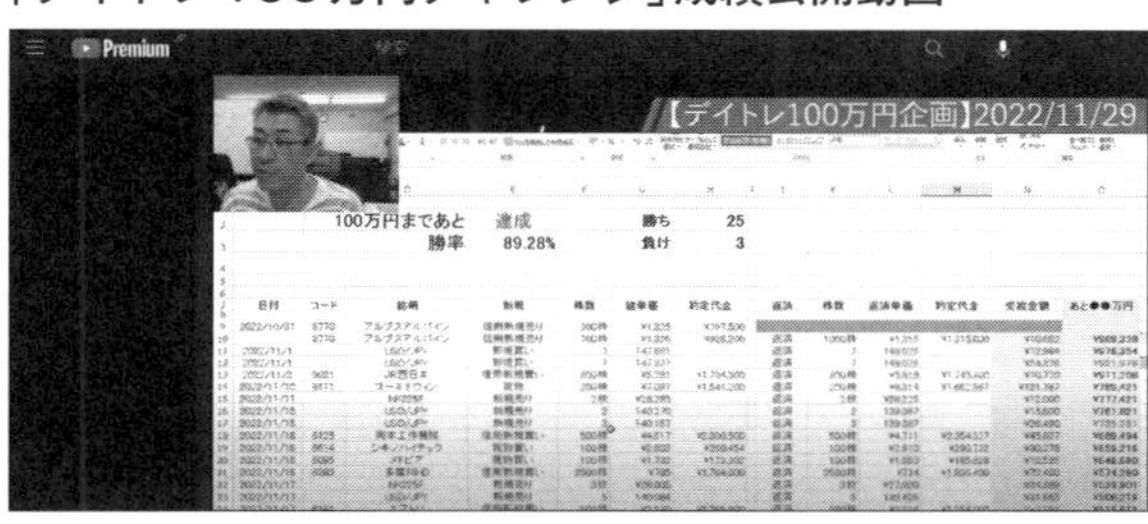

https://www.youtube.com/watch?v=hUcdUkNv1FE

◆勝率89・2%の手法、教えます

実際まず、図の動画をご覧ください。これは以前、ユーチューブで「デイトレ100万円チャレンジ」という企画を行った時の「成績公開」の動画です。

約3週間で100万円を達成、勝率は89・2%でした。今ほど相場環境が良くない時だったので、成果としては十分すぎる内容でした。

これから「株のデイトレード」を始める方にとっては、これ以上ない良い環境でスタートできるわけですから、ぜひ自信を持って始めていただきたいと思います。

では「紫垣流デイトレード」の具体的手法をお伝えしていきましょう。

02 デイトレード用ツールの画面を設定しよう

◆私が普段使っている4つの画面

「デイトレード用のツールの画面は、どのような設定が良いでしょうか?」といったご質問をよくいただきます。

ツールの画面設定については、特に決まりがあるわけではありません。ただはじめてデイトレードを行う方にとっては、やはり疑問だと思います。

そこで私が普段使っている「画面設定」をお伝えします。一度、同じような設定で使ってみて、後はご自分なりにカスタマイズしていただければ良いでしょう。

私が普段、デイトレードで主に使っている画面は、次の4つになります。

・株式スピード注文
・株式チャート

私が普段使っている画面設定

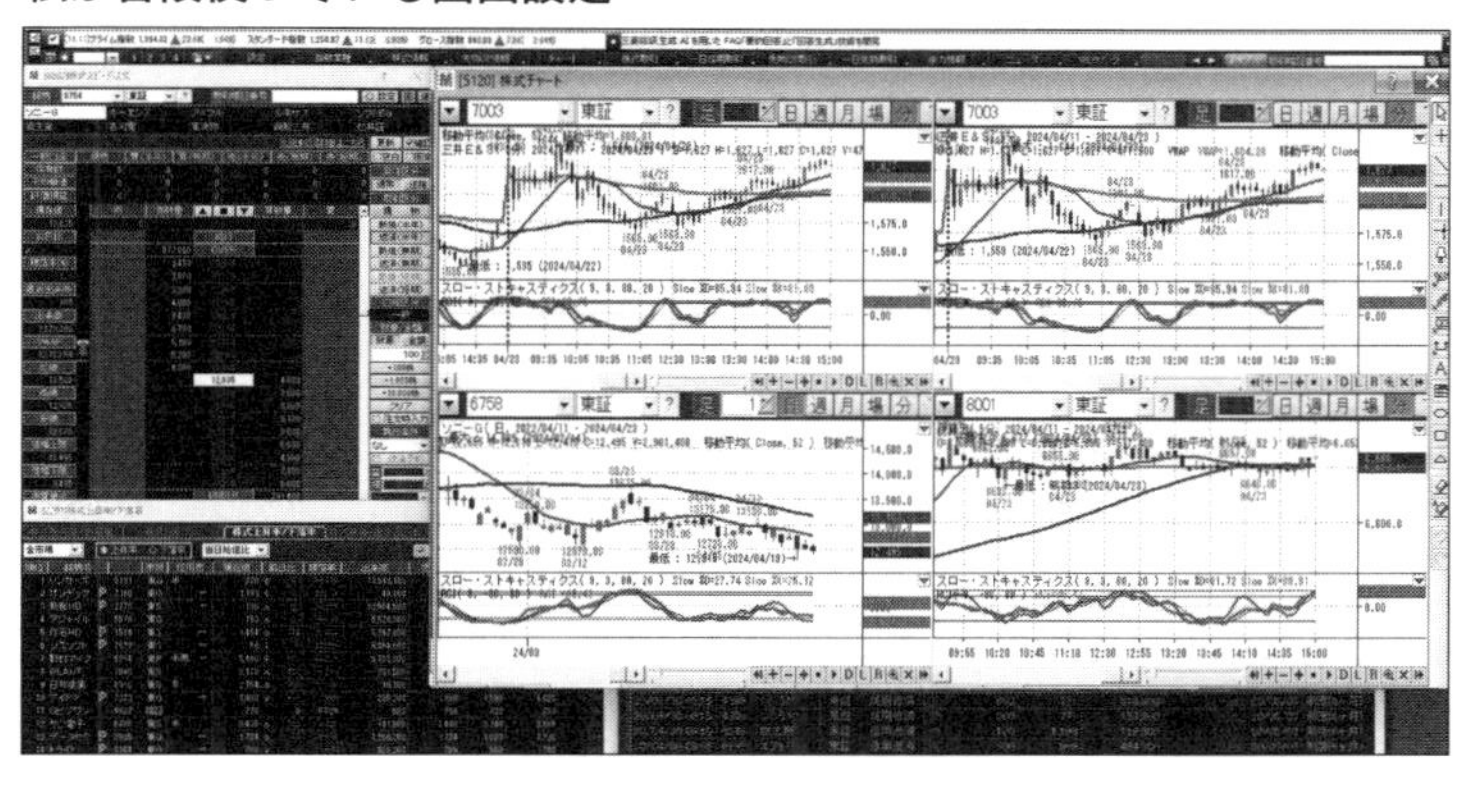

・株式上昇率／下落率
・信用建玉照会

まずは、この4つの画面を設定してみてください。

ちなみに今回ご紹介するのは松井証券の「ネットストックハイスピード」という無料で使えるツールになります。画面設定で使っている情報は、他の証券会社のツールでも用意があるものですので（デザインは異なります）、同じようなならびに設定することは可能かと思います。

◆「株式スピード注文」で板情報を見ながら発注

私は板情報を見ながら発注するので「株式板注文」を常に使っています。このシステムを使えば、成行注文、指値注文、逆指値注文など、さまざまな注文ができるようになります。
10銘柄まで登録することができるので、あらかじめ銘柄を登録しておくことでスムーズな取引が可能になります。

株式スピード注文

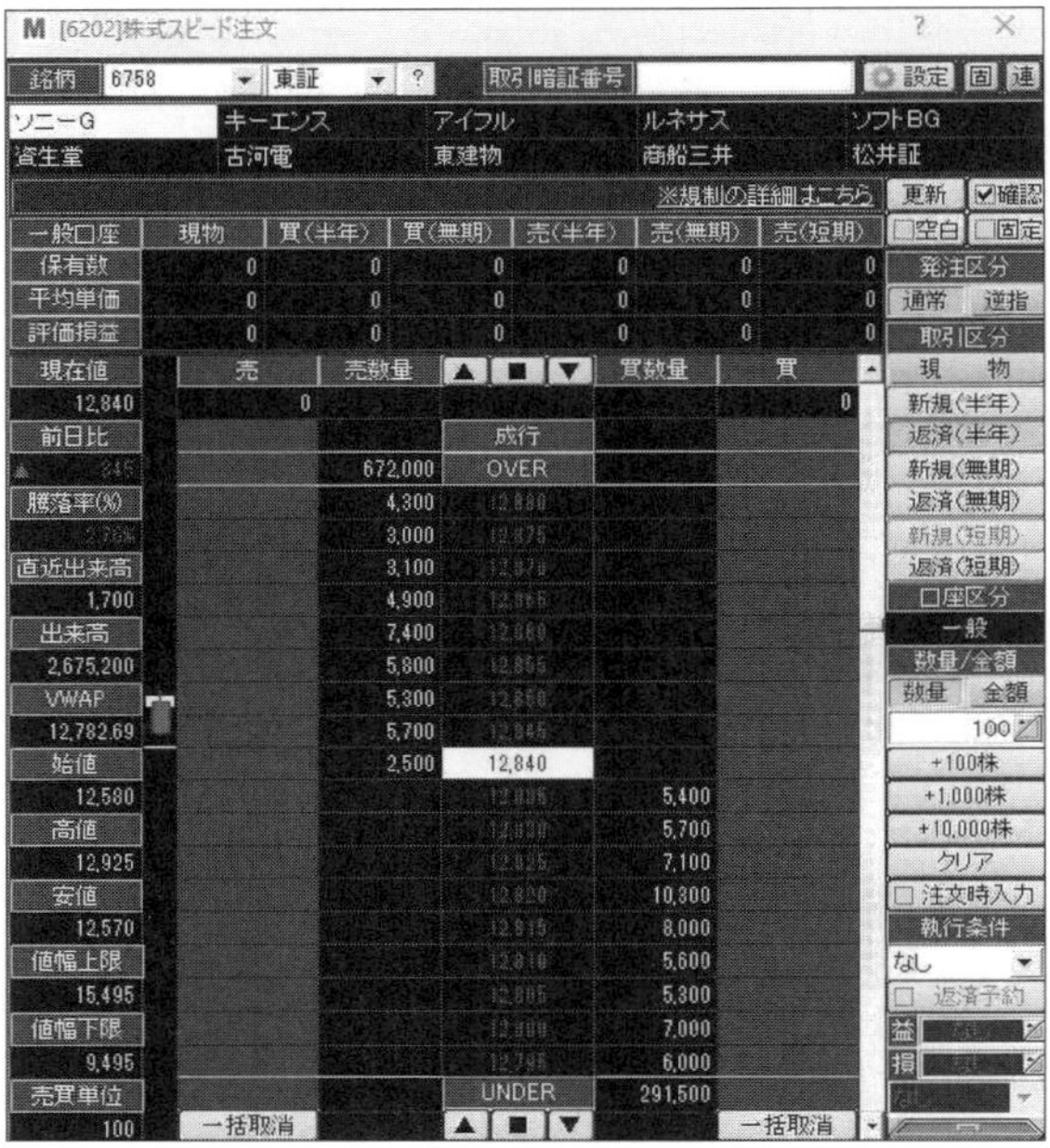

◆「株式チャート」で値動きをチェック

松井証券の「ネットストックハイスピード」のチャートはとてもカスタマイズがしやすく、とても操作性に優れているので長年使っています。「日足」なら約10年間にさかのぼってチャートを見ることができ、分析するのにとても重宝しています。

私は普段、デイトレードでは

株式チャート

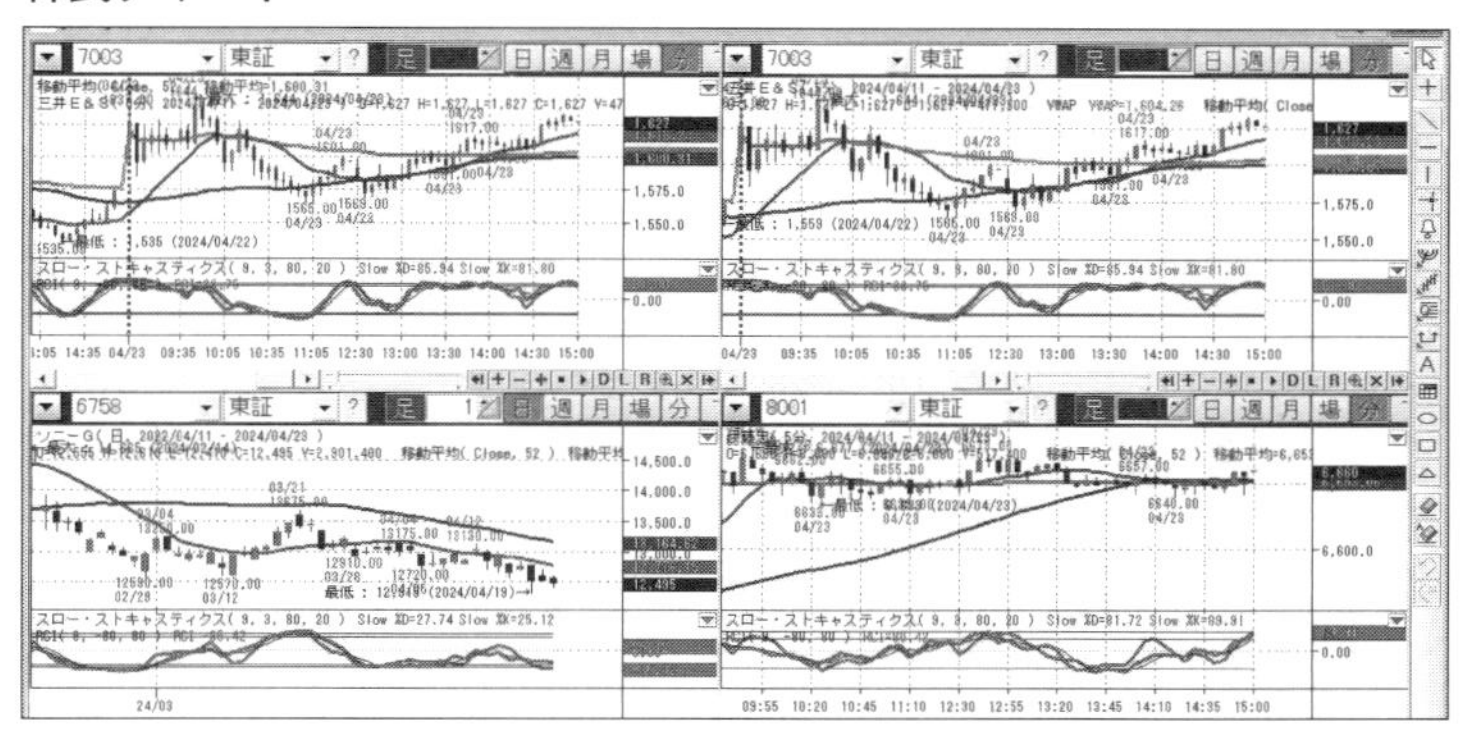

「5分足」を使っていますが、「1分足」や、その他の分足設定もすぐに切り替えが可能です。

また、1枚のシートに最大12銘柄までチャート登録が可能です。ただ12銘柄だとかなり見にくくなるので、私は4銘柄～6銘柄で見ています。

◆「株式上昇率／下落率」で上昇の勢いがある銘柄をチェック

「株式上昇率／下落率」は、ランキングをチェックするツールになります。データは自動更新で表示されますので、今どんな銘柄が上昇の勢いがあるかが一目でわかります。

私は、基本的に「買い」を中心にデイトレードを行っているので、「上昇率」のみを利用し、「下落率」は利用していません。「上昇率ランキング」で十分利益を出せると思います。

株式上昇率／下落率

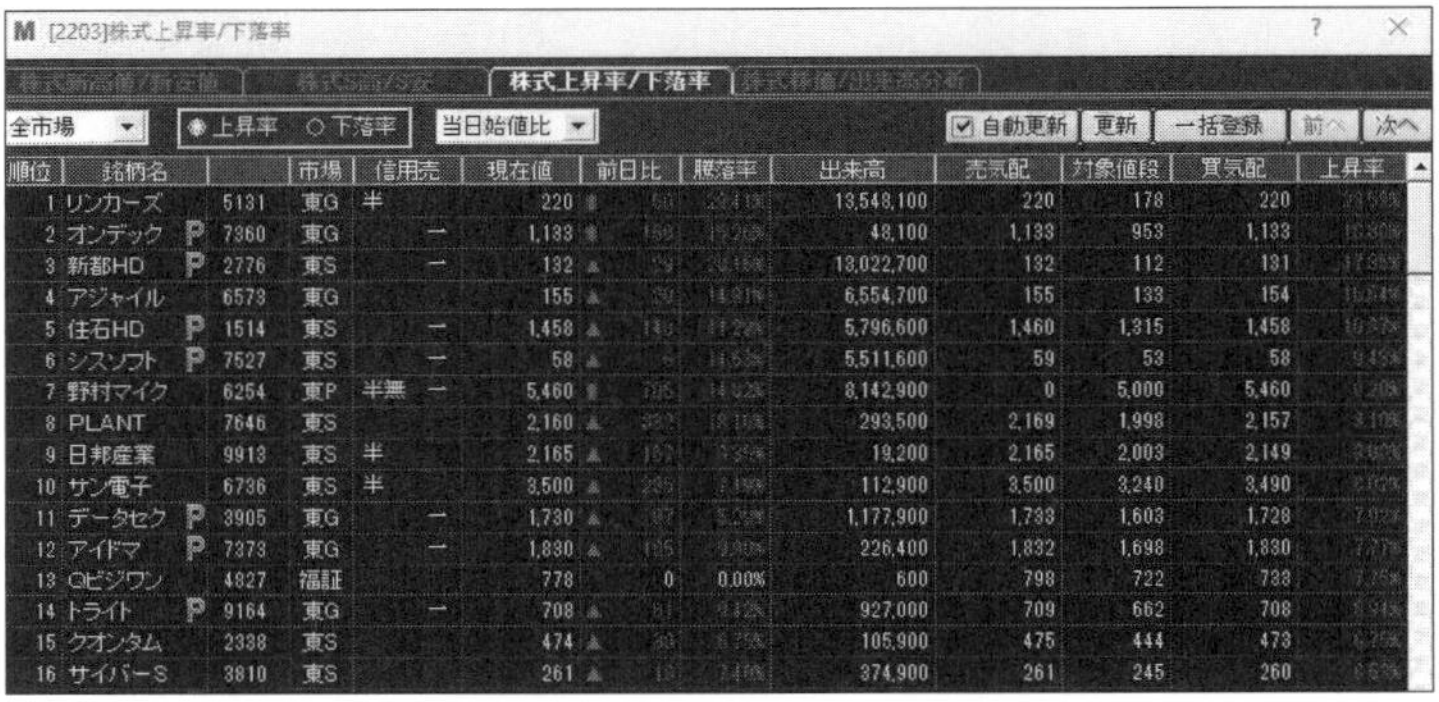

[2203]株式上昇率/下落率

株式新高値/新安値 | 株式S高/S安 | 株式上昇率/下落率 | 株式騰落/出来高分析

全市場 ▼ | ◉上昇率 ○下落率 | 当日始値比 ▼ | ☑自動更新 | 更新 | 一括登録 | 前へ | 次へ

順位	銘柄名			市場	信用売		現在値	前日比	騰落率	出来高	売気配	対象値段	買気配	上昇率
1	リンカーズ		5131	東G	半		220	[illegible]	[illegible]	13,548,100	220	178	220	[illegible]
2	オンデック	P	7360	東G		ー	1,133	[illegible]	[illegible]	48,100	1,133	953	1,133	[illegible]
3	新都HD	P	2776	東S		ー	132	▲ [illegible]	[illegible]	13,022,700	132	112	131	[illegible]
4	アジャイル		6573	東G			155	▲ [illegible]	[illegible]	6,554,700	155	133	154	[illegible]
5	住石HD	P	1514	東S		ー	1,458	▲ [illegible]	[illegible]	5,796,600	1,460	1,315	1,458	[illegible]
6	シスソフト	P	7527	東S		ー	58	▲ [illegible]	[illegible]	5,511,600	59	53	58	[illegible]
7	野村マイク		6254	東P	半無	ー	5,460	[illegible]	[illegible]	8,142,900	0	5,000	5,460	[illegible]
8	PLANT		7646	東S			2,160	▲ [illegible]	[illegible]	293,500	2,169	1,998	2,157	[illegible]
9	日邦産業		9913	東S	半		2,165	▲ [illegible]	[illegible]	19,200	2,165	2,003	2,149	[illegible]
10	サン電子		6736	東S	半		3,500	▲ [illegible]	[illegible]	112,900	3,500	3,240	3,490	[illegible]
11	データセク	P	3905	東G		ー	1,730	▲ [illegible]	[illegible]	1,177,900	1,733	1,603	1,728	[illegible]
12	アイドマ	P	7373	東G		ー	1,830	▲ [illegible]	[illegible]	226,400	1,832	1,698	1,830	[illegible]
13	QPビジワン		4827	福証			778	0	0.00%	600	798	722	733	[illegible]
14	トライト	P	9164	東G		ー	708	▲ [illegible]	[illegible]	927,000	709	662	708	[illegible]
15	クオンタム		2338	東S			474	▲ [illegible]	[illegible]	105,900	475	444	473	[illegible]
16	サイバーS		3810	東S			261	▲ [illegible]	[illegible]	374,900	261	245	260	[illegible]

信用建玉照会

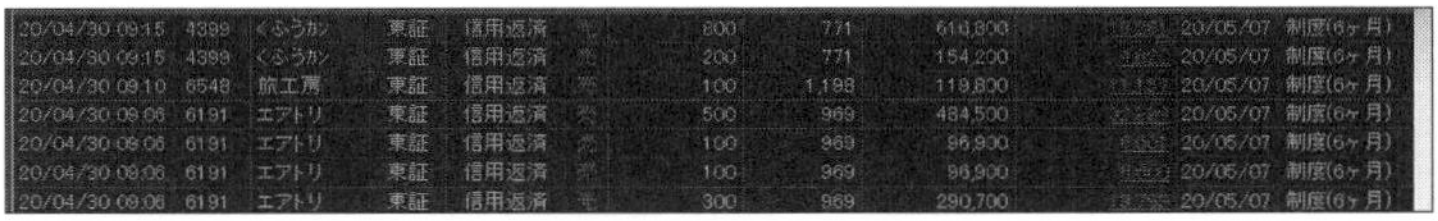

20/04/30 09:15	4399	ぐふうカン	東証	信用返済	[illegible]	800	771	61[illegible],800	[illegible]	20/05/07	制度(6ヶ月)
20/04/30 09:15	4399	ぐふうカン	東証	信用返済	[illegible]	200	771	154,200	[illegible]	20/05/07	制度(6ヶ月)
20/04/30 09:10	6548	旅工房	東証	信用返済	[illegible]	100	1,198	119,800	[illegible]	20/05/07	制度(6ヶ月)
20/04/30 09:06	6191	エアトリ	東証	信用返済	[illegible]	500	969	484,500	[illegible]	20/05/07	制度(6ヶ月)
20/04/30 09:06	6191	エアトリ	東証	信用返済	[illegible]	100	969	96,900	[illegible]	20/05/07	制度(6ヶ月)
20/04/30 09:06	6191	エアトリ	東証	信用返済	[illegible]	100	969	96,900	[illegible]	20/05/07	制度(6ヶ月)
20/04/30 09:06	6191	エアトリ	東証	信用返済	[illegible]	300	969	290,700	[illegible]	20/05/07	制度(6ヶ月)

◆「信用建玉照会」で一定の含み益が出たら利益確定

エントリーしたポジションは、「信用建玉照会」に表示されます。各ポジションの損益が自動更新され、今いくらの含み益、含み損が出ているかが、一目で確認できます。

私は「信用建玉照会」を見ながら、約定代金から算出して一定の含み益が出たら利益確定を行うというルールを作っています。そういう意味では自動更新で動く「信用建玉照会」は良いツールだと思います。

株価チャートの基本

◆株価チャートは株の価格を時間ごとにグラフ化したもの

ではここから「紫垣流デイトレード」を成功させるために重要なチャートの設定法についてお伝えします。

「紫垣流デイトレード」では、エントリーのタイミングをチャートの動きによって決定します。したがって、この後にお伝えする「チャート設定」は常に使うことになるので、必ずマスターしてください。

まずは株価チャートの基本から解説しましょう。

「株価チャート」とは、株の価格（始値、高値、安値、終値）を、時間ごと（分、日、週、月）にグラフ化したものです。よく図のようなグラフを見たことがあると思いますが、これが株価チャートです。

「株価チャート」を見ることで、過去の値動きを知ることができ、株価の勢いや将来の予測

株価チャートの例

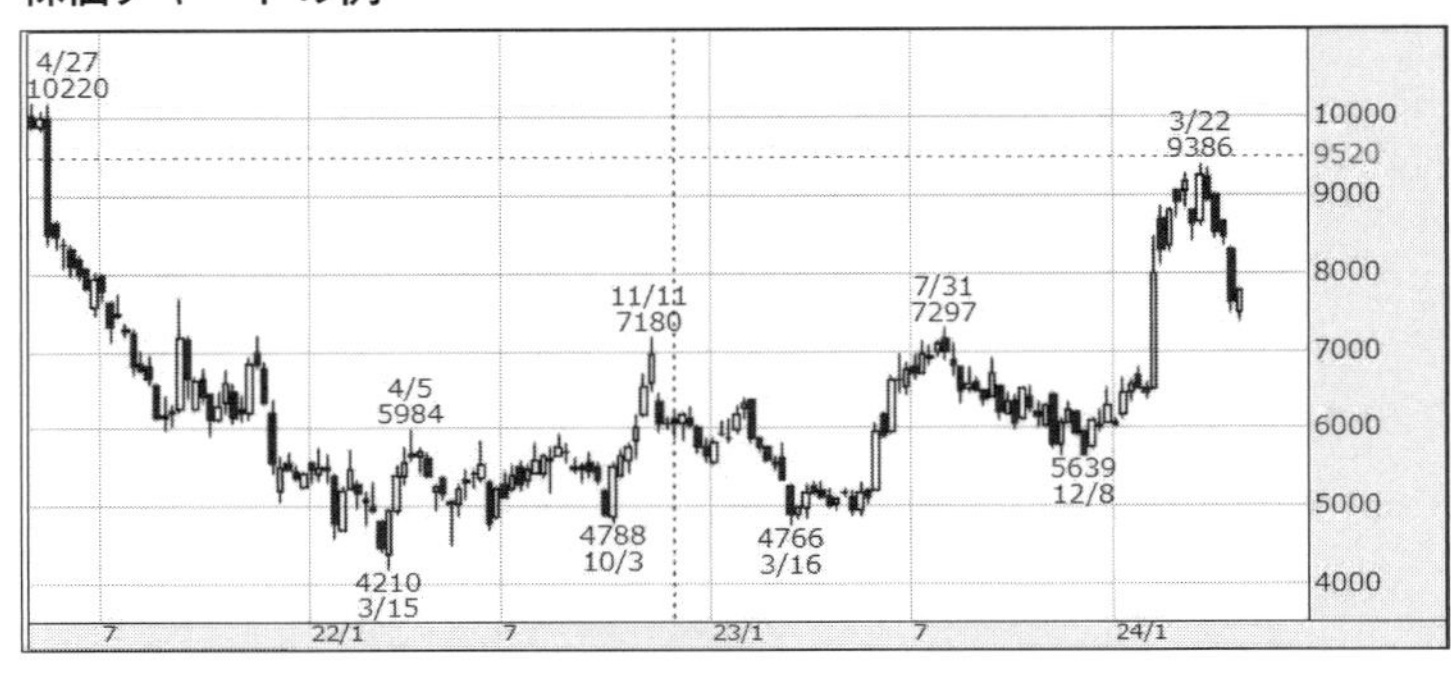

もできます。まずは「株価チャート」の基本的な見方を覚えましょう。

◆株価チャートを構成する4つの価格

株価チャートは4つの価格で構成されています。それが「始値、高値、安値、終値」というものです。

仮に1日でローソク足が構成される「日足」の場合は、次のような意味になります。

・始値（はじめね）……その日で一番はじめにつけた価格
・高値（たかね）　……その日で一番高い価格
・安値（やすね）　……その日で一番安い価格
・終値（おわりね）……その日の最後につけた価格

この4つの価格のことを「4本値」と言います。この「4本値」をローソク足に置き換えると図のようになります。

始値よりも終値の方が高いものを「陽線」（図の左側）と言い、始値よりも終値の方が安いものを「陰線」（図の右側）と言います。また「安値」と「高値」は「ヒゲ」と呼ばれ、上下に突出した線で表します。

デイトレードの場合は主に「分足」を使いますので、仮に「5分足チャート」であれば、5分間で「4本値」が構成されるローソク足の積み重ねが「株価チャート」として表示されます。

これらが「株価チャートの基本」になります。まずはこれらを押さえておきましょう。

４本値とローソク足

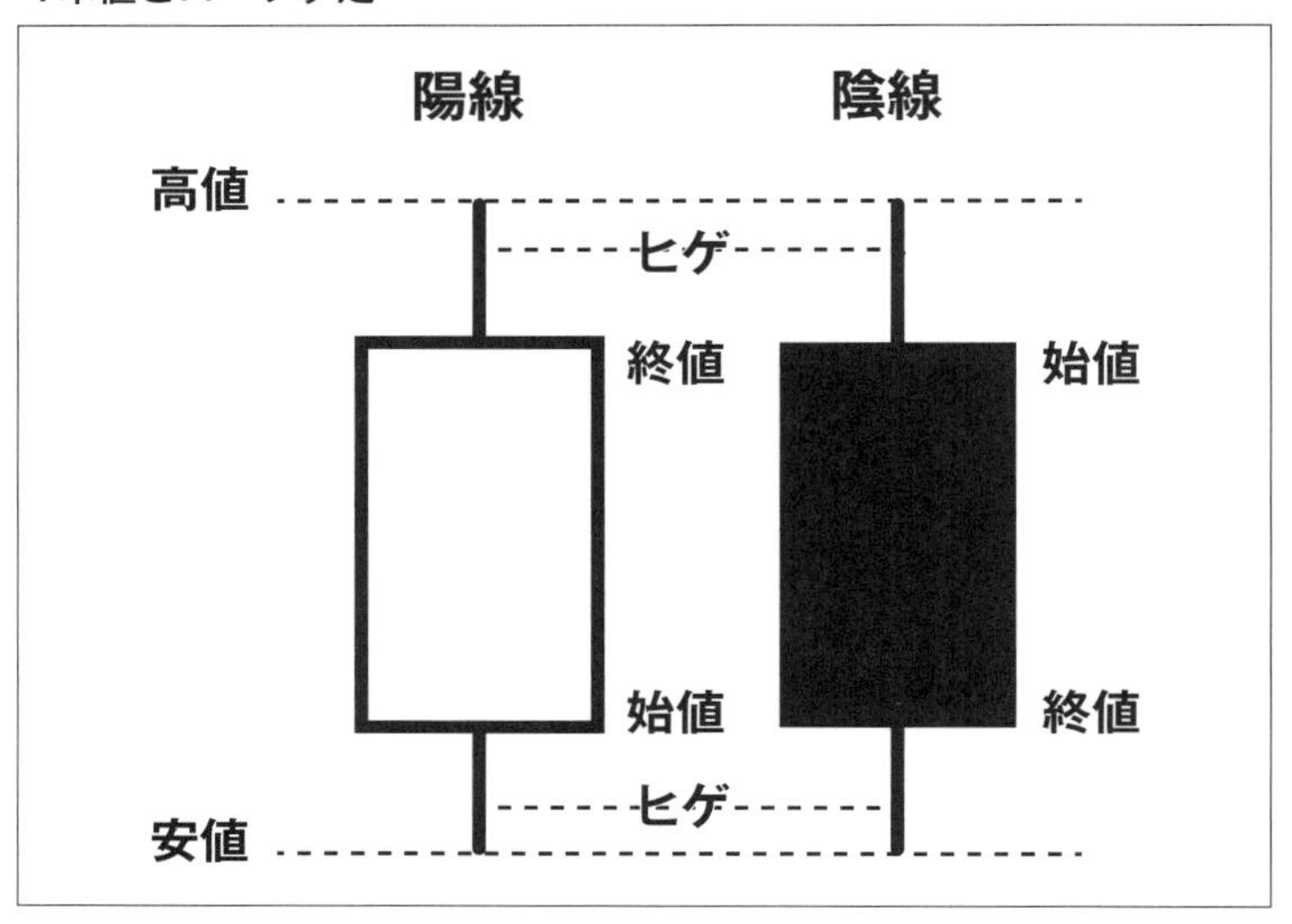

アドバンテスト（証券コード6857）の５分足チャート

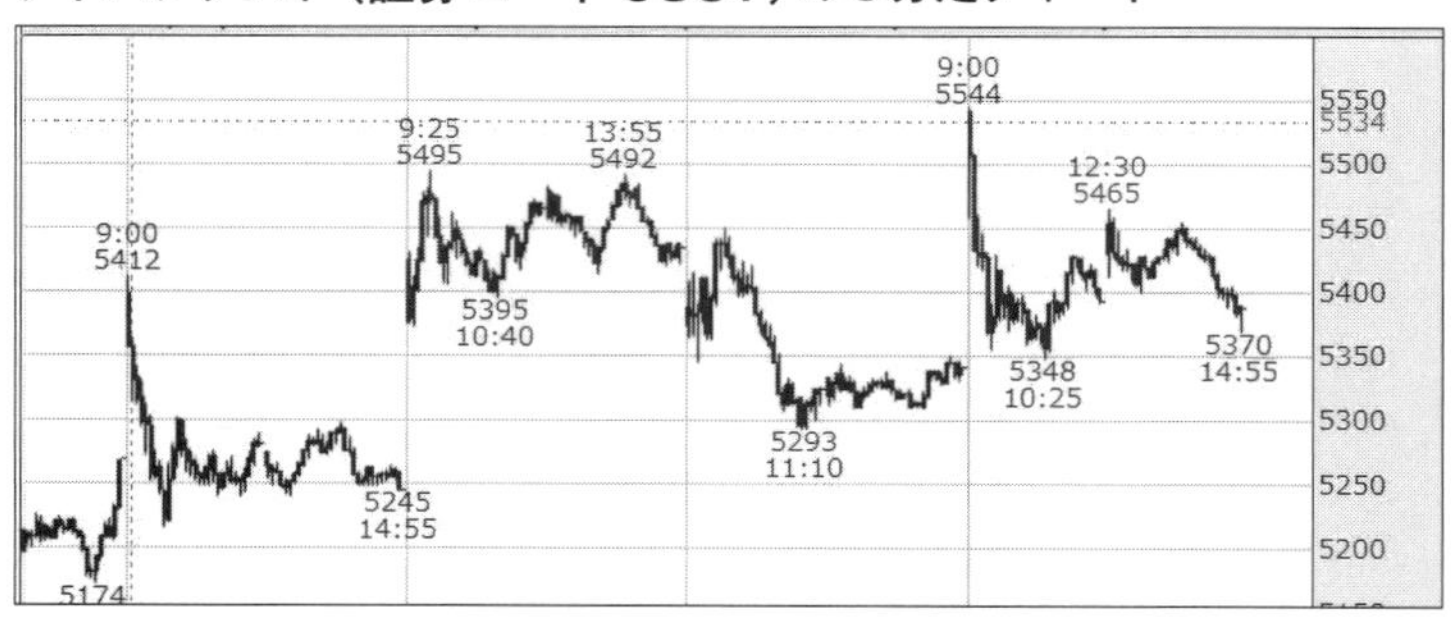

04 5分足のチャートを作ろう

◆技術の進歩がもたらした「分足チャート」を使ったデイトレード

では、ここからは紫垣流デイトレードにおける具体的な「チャート設定法」についてお伝えしていきます。

少し余談になりますが、私が証券ディーラーをしていた90年代半ばは、現在のようなインターネットもなければ、リアルタイムで動くチャートもない時代でした。当時、私のデスクにはブラウン管の小さな画面に気配値、売り買いの株数、発注件数や、発注元の証券会社名などが表示され、そこで「日計り商い」、今で言うデイトレードを行っていたのです。

したがって当時はデイトレードを行う際、「板読み」が主流でした。

証券会社のディーラーは、取引手数料はありません。私たちは「イチカイ、ニヤリ」と言って、1円抜ければ勝ちという世界にいました。

しかし今では、当時からは考えられないほどトレード環境は様変わりし、個人でもリアルタイムでさまざまな情報を取れるようになりました。しかも「取引手数料無料」という証券会社も現れ、一般個人でも最高の「デイトレード環境」が与えられています。

したがって私は一般の投資家がこれからデイトレードを始めるなら、古典的で、かなりの経験を必要とする「板読み」よりは、「分足チャート」を使ったデイトレード手法で行うのが効果的だと考えています。

◆まずは5分足のチャートを作る

ここでお伝えするチャートツールは、松井証券「ネットストックハイスピード」です。他の証券会社でもデザインは異なりますが同様の設定は可能かと思います。

では、さっそく「5分足のチャート」を作ってみましょう。やり方はとても簡単です。

①ツールの一番上にある「チャート」をクリックし、「株式チャート」を選びます。
②すると「チャート画面」が表示されます。

5分足のチャートを作る操作手順

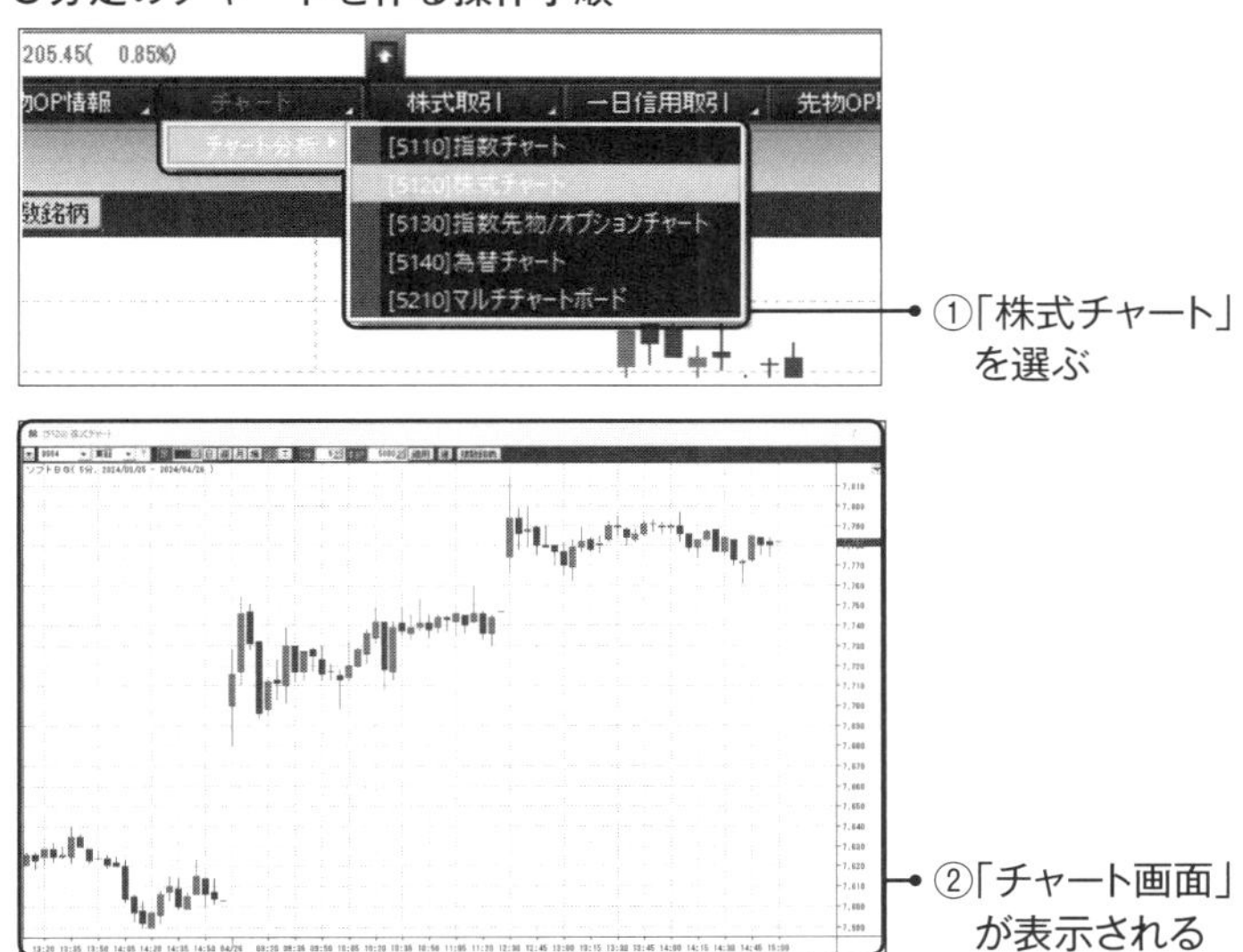

図では、ソフトバンクG（証券コード9984）の5分足チャートが表示されています。

チャート上部の「分」というボタンの右横に「5」という数字が入っているのが確認できると思います。これが「5分足」のローソク足になります。

05 「VWAP」というテクニカル指標を加えよう

◆出来高を考慮した平均的な約定価格

紫垣流デイトレードでは、「VWAP（出来高加重平均）」というテクニカル指標を使います。

もしかするとはじめて知る方も多いかもしれませんが、デイトレードでは非常に重要で効果的なテクニカル指標です。これを使ったデイトレード手法を身に付ければ、より成功率が高まるので、ぜひ身に付けましょう。

まずは、はじめて聞く方のために、VWAPとはどういうテクニカル指標なのかを説明します。

VWAPとは、「Volume Weighted Average Price」の略で「ブイワップ」と呼ばれています。日本語では「出来高加重平均」と言い、当日に取引された銘柄の価格ごとに形成さ

VWAP（出来高加重平均）の例

れる出来高（売買高）を加重平均し、数値やグラフで表したものです。

具体的には、ＶＷＡＰは次の式で計算されます。

ＶＷＡＰ＝当日累積売買代金÷当日累積出来高

例えば２００円で出来高２０００株、２０５円で出来高３０００株の約定があった銘柄では、（２００×２０００＋２０５×３０００）÷（２０００＋３０００）＝２０３円というふうに計算されます。

◆高値づかみを避けるための基準になる

ＶＷＡＰは株価移動平均とは異なり、出来高が考慮されたうえでの指標になるため、より取引実態に近い平均的な約定価格と言えます。実際、取引の多い大型株などでは機関投資家や大口投資家の売買の目標数値として使われており、ＶＷＡＰを境に多くの取引が行われています。

そのためＶＷＡＰは、大量の取引を行う機関投資家の思惑を推察するための有効なツールなのです。日中の取引推移が２０３円～２０５円だったとしても、大口の投資家が２００円で大量の買い付けを行っていた場合は、加重平均によって約定価格は２００円に近い数値になっていくので、機関投資家や大口投資家の売買コストをある程度、予測することが可能になります。

つまりこれをデイトレードに置き換えて考えれば、ＶＷＡＰを基準にエントリーを行うことで、高値づかみの可能性を低く抑えられる効果も期待できるわけです。

このようにＶＷＡＰの使い方を理解するだけでも、勝てる可能性が劇的に高まると考えられます。

VWAPを表示させる操作手順

◆5分足チャートにVWAPを表示させる

では、5分足のチャートにVWAPのチャートを表示させてみましょう。やり方はとても簡単です。

①先ほど作った「5分足チャート」の画面上で右クリックを行います。するとテクニカル指標がたくさん表示されているウィンドウが開きますので、その中にある「VWAP」を選択します。

②すると「5分足チャート」に重なるように「VWAP」が表示されます。

これでVWAPの表示は完成です。

06

移動平均線の数値設定は「13」に

◆多くの個人投資家が使用しているポピュラーな指標

続いて今度は「移動平均線」を先ほどのチャートに重ねて表示させます。「移動平均線」は、ほとんどの個人投資家が使用している、もっともポピュラーなテクニカル指標でしょう。

移動平均線の計算式は、日足であれば「株価の終値÷日数」で求めます。週足であれば「株価の週末終値÷週数」、月足なら「株価の月末終値÷月数」といった、極めて簡単な計算式で求められます。

そして、求められた値を線でつなげば、移動平均線を描くことができます。例えば5日移動平均線で言えば今日を含めた過去5日の終値の平均値、また25日移動平均線ならば今日を含めた過去25日の平均でラインが描かれます。

◆紫垣流デイトレードでは「13」の移動平均線を使用

多くの個人投資家に使われている「移動平均線」は、5日や25日というのが一般的ですが、紫垣流デイトレードでは、「13」の移動平均線を使用します。これは私が長年使ってきた移動平均線のパラメータ（設定値）であり、私の経験値からもっとも機能するパラメータだと考えています。

では、松井証券ネットストックハイスピードを使って、移動平均線を描いてみましょう。

①先ほど作った「5分足チャート」の画面上で右クリックを行います。するとテクニカル指標がたくさん表示されているウィンドウが開きますので、この中にある「移動平均」を選択して、下の「OK」ボタンを押します

②すると、移動平均線の「パラメータ」を入力する画面が出てきます。初期設定では「10」のパラメータになっていると思いますので、その「10」の部分にカーソルを合わせて、クリックしてみましょう。するとパラメータの数値を変更できるボックスが表示されるので、数値を「13」に書き換えて「確認」→「OK」を押して完了です。

移動平均線を表示させる操作手順

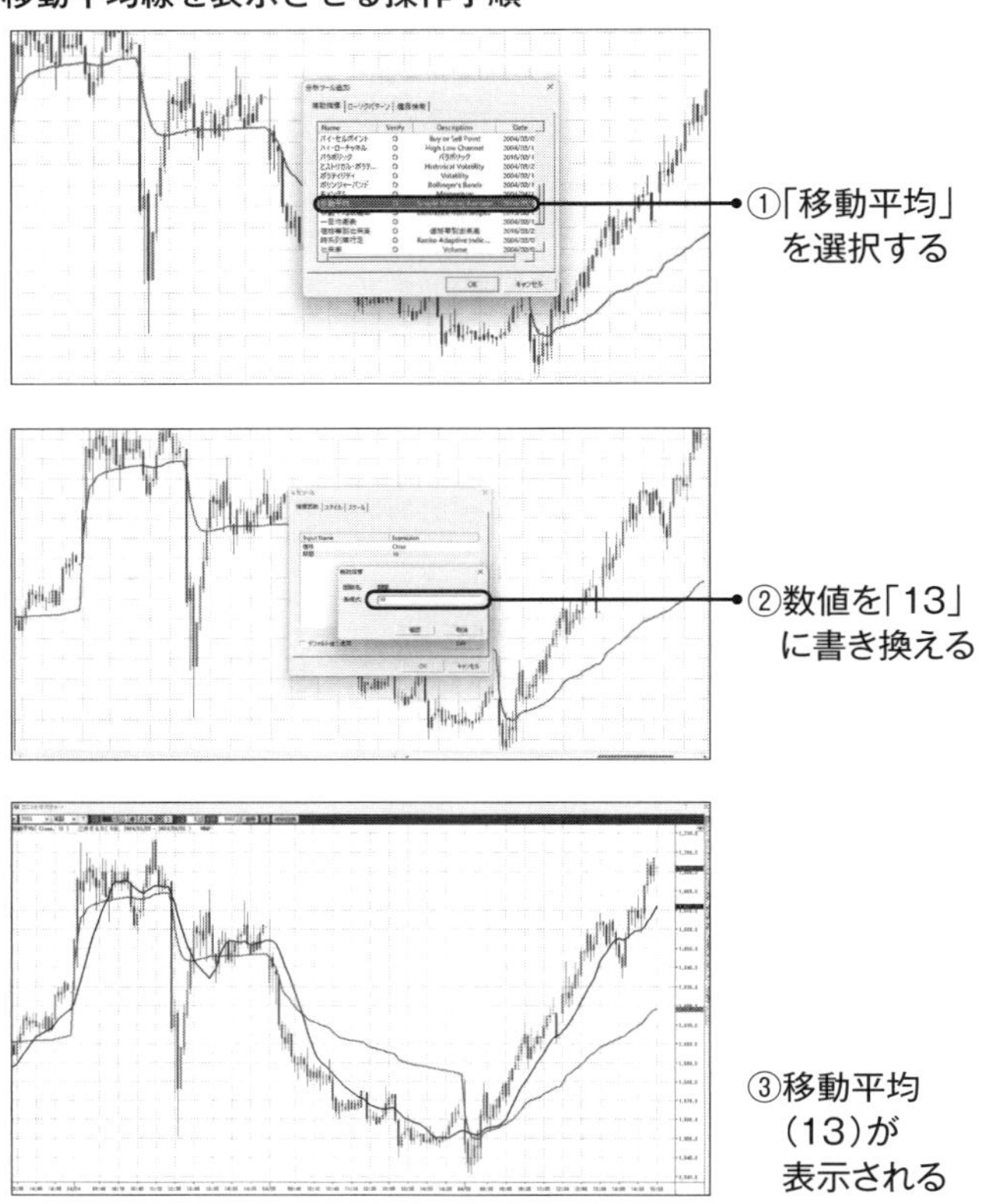

③これでローソク足、VWAP、移動平均（13）が表示されました。

エントリーを成功に導く「RCI」

◆紫垣流デイトレードの高勝率を支える指標

では次に「ＲＣＩ」というテクニカル指標を設定してみましょう。

「上がると思ったのに、買った直後に株価が下がってしまう……」

「株を売った瞬間から株価が上昇してきた……」

そんな経験をお持ちではありませんか？

「株価がどこまで上がるのか？」「どこまで下がって反転するか？」といったことがはじめからわかるのなら、誰も苦労はしません。でも〝何かしらの手段〟を用いることで、短期的な株価の値動きが予測できるとしたら、使ってみたいと思いませんか？

そのために紫垣流デイトレードでは、予測精度に優れた「ＲＣＩ」というテクニカル指標を使います。これが89・２％という高い勝率を叩き出した秘密です。

ＲＣＩは、あまり知られていないテクニカル指標なので、少しだけ説明させていただきま

RCIの例

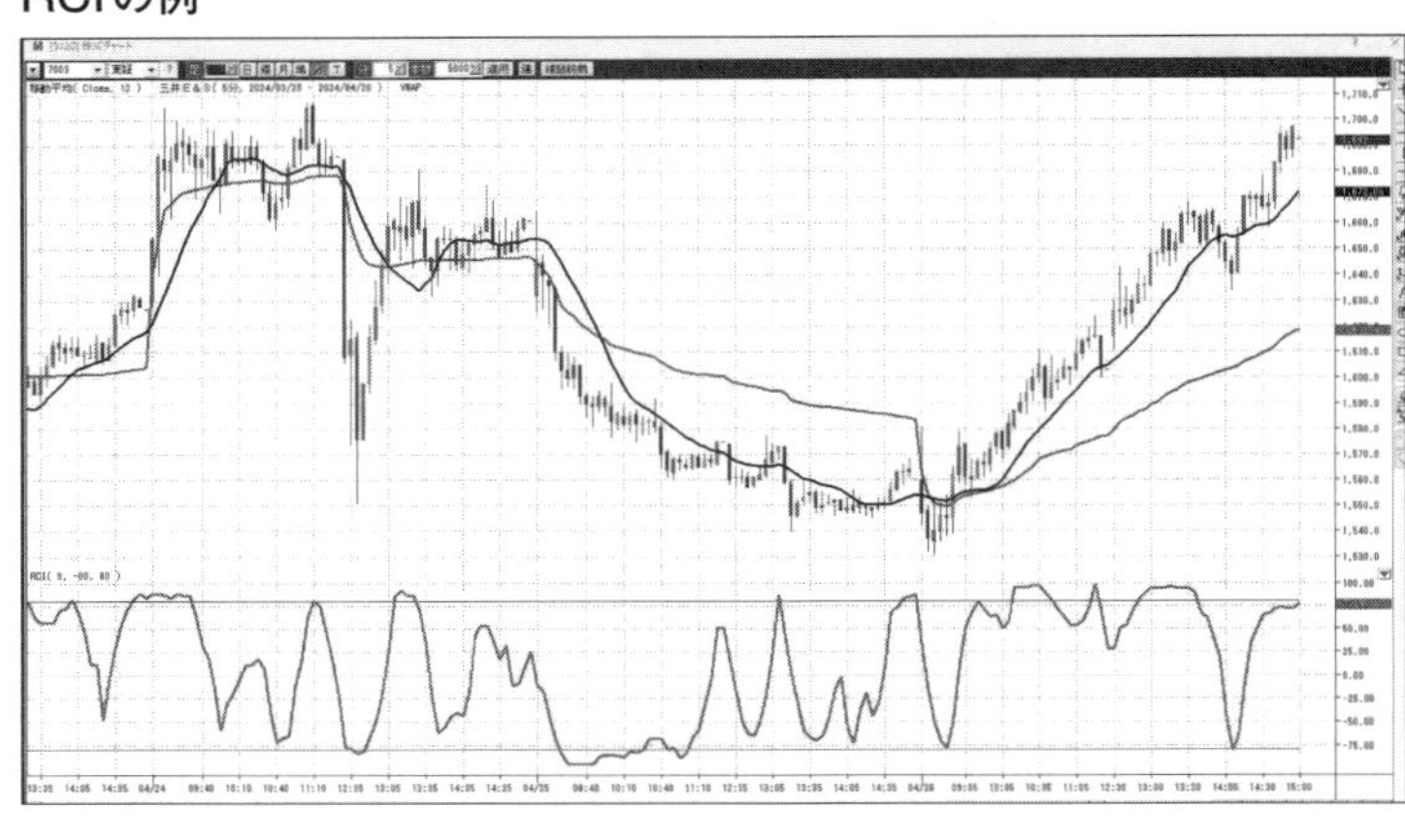

す。ＲＣＩとは「Rank Correlation Index」の略で、直訳すると「順位相関指数」という意味になります。「日付」と「株価」それぞれに順位をつけ、両者にどれだけの相関関係があるのかを数値化したものです。図のチャートの下部分に、波のような波形のラインが見えていると思います。これがＲＣＩというテクニカル指標です。

◆「売られすぎ」「買われすぎ」がわかる

ＲＣＩチャートの右側の目盛りは「マイナス１００~１００」で表示されており、単位は「％」で、次のように算出します。

ＲＣＩ＝（１－（６ｄ÷（ｎ×（ｎ×ｎ－１））））×１００

RCIの読み方

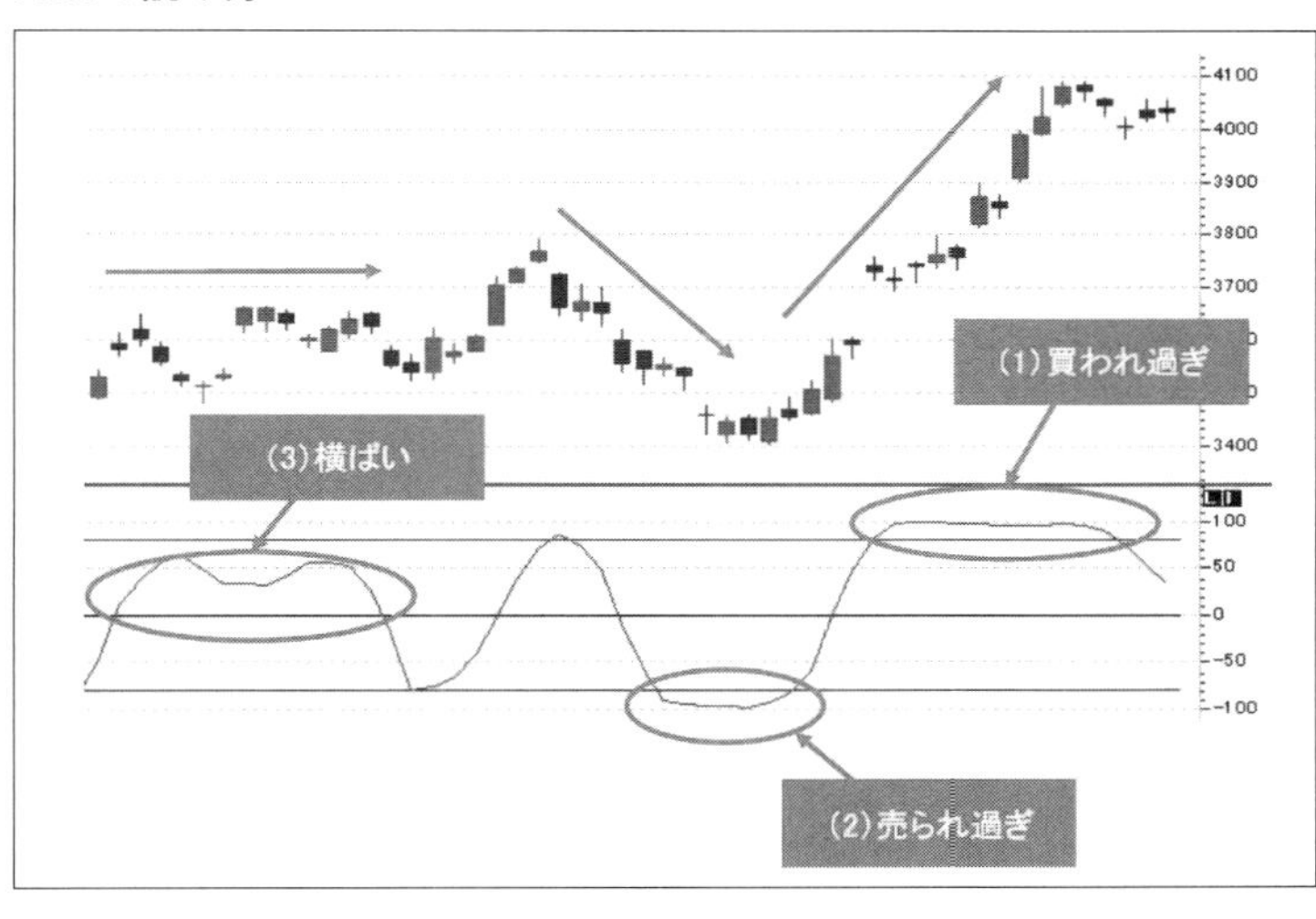

※d＝日付の順位と株価の順位の差を2乗し、合計した数値
※n＝期間

数式だけでは意味がわからないと思いますが、株価が上昇し続ければ100％に近づき、株価が下落し続ければマイナス100％に近づくと理解すれば大丈夫です。

例えば株価が上昇し続け、RCIが100％に近づくと、買われ過ぎの判断とされます。逆に、RCIがマイナス100％に近づくと、売られ過ぎという判断がされます。「売られすぎ」は買いのチャンスになり、「買われすぎ」は売りのチャンスになるということですね。

そのようにRCIを使うことで、成功確率は飛躍的に高まると言っても過言ではありません。

◆5分足チャートに「RCI」を表示させる

では、5分足のチャートにRCIを表示させてみましょう。

RCIを表示させる操作手順

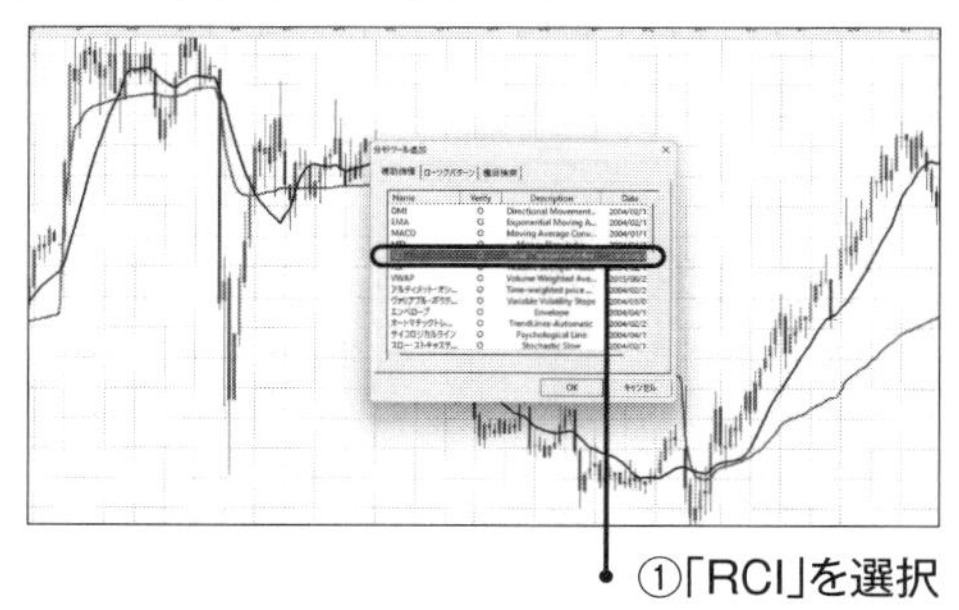

①「RCI」を選択

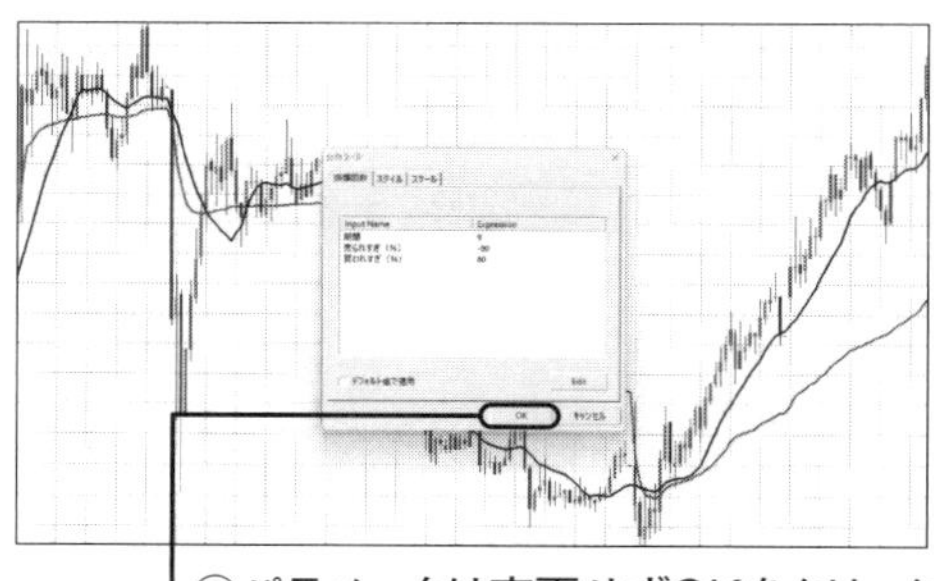

②パラメータは変更せずOKをクリック

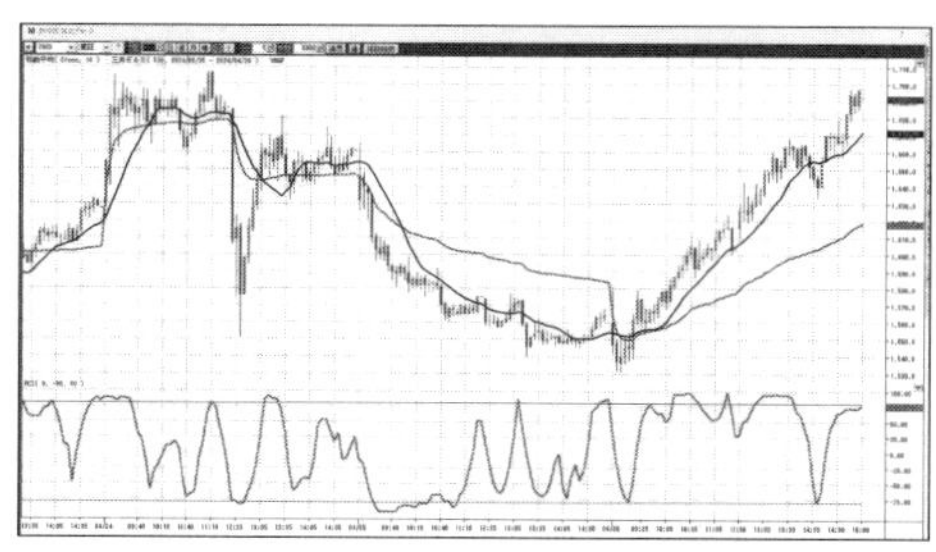

③RCIが表示される

①これまでと同様に、「5分足チャート」の画面上で右クリックを行います。するとテクニカル指標がたくさん表示されているウィンドウが開きますので、この中にある「RCI」を選択します。

②すると、RCIの「パラメータ」を入力する画面が出てきます。RCIは、特にパラメータ（設定値）の変更は必要ありませんので、表示されている「9」のまま「OK」ボタンで閉じてください。

③これでRCIが、一番下の部分に表示されます。

チャート設定を保存しておこう

◆テンプレート保存しておくと簡単に呼び出せる

「紫垣流デイトレード」で使用するチャート設定はこれで完了です。ここまでのチャート設定法をまとめておくと、次の通りです。

・5分足チャートを使う
・「VWAP」を表示させる
・「13」の移動平均線を表示させる
・「RCI」を表示させる

きちんと設定できたでしょうか？

一度設定したテクニカル指標は「テンプレート保存」しておくと、いつでもすぐに設定したテクニカル指標を呼び出すことができます。「テンプレート保存」の手順は次の通りです。

①テクニカル設定したチャート上で右クリックをして、「現在チャート保存」をクリックします。

②そうすると、設定したチャートに名前をつけて保存ができるので、好きな名前をつけて「保存」ボタンを押してください。

これで「チャート設定の保存」は完了です。

一度保存したテクニカル指標を呼び出すのも簡単です。まだテクニカル指標を設定していないチャート上で「保存チャート呼出」を選択してクリックしていただくと、チャート上に、保存したテクニカル指標がすぐに反映されます。

とても簡単な機能ですので、積極的に活用してください。

「テンプレート保存」の操作手順

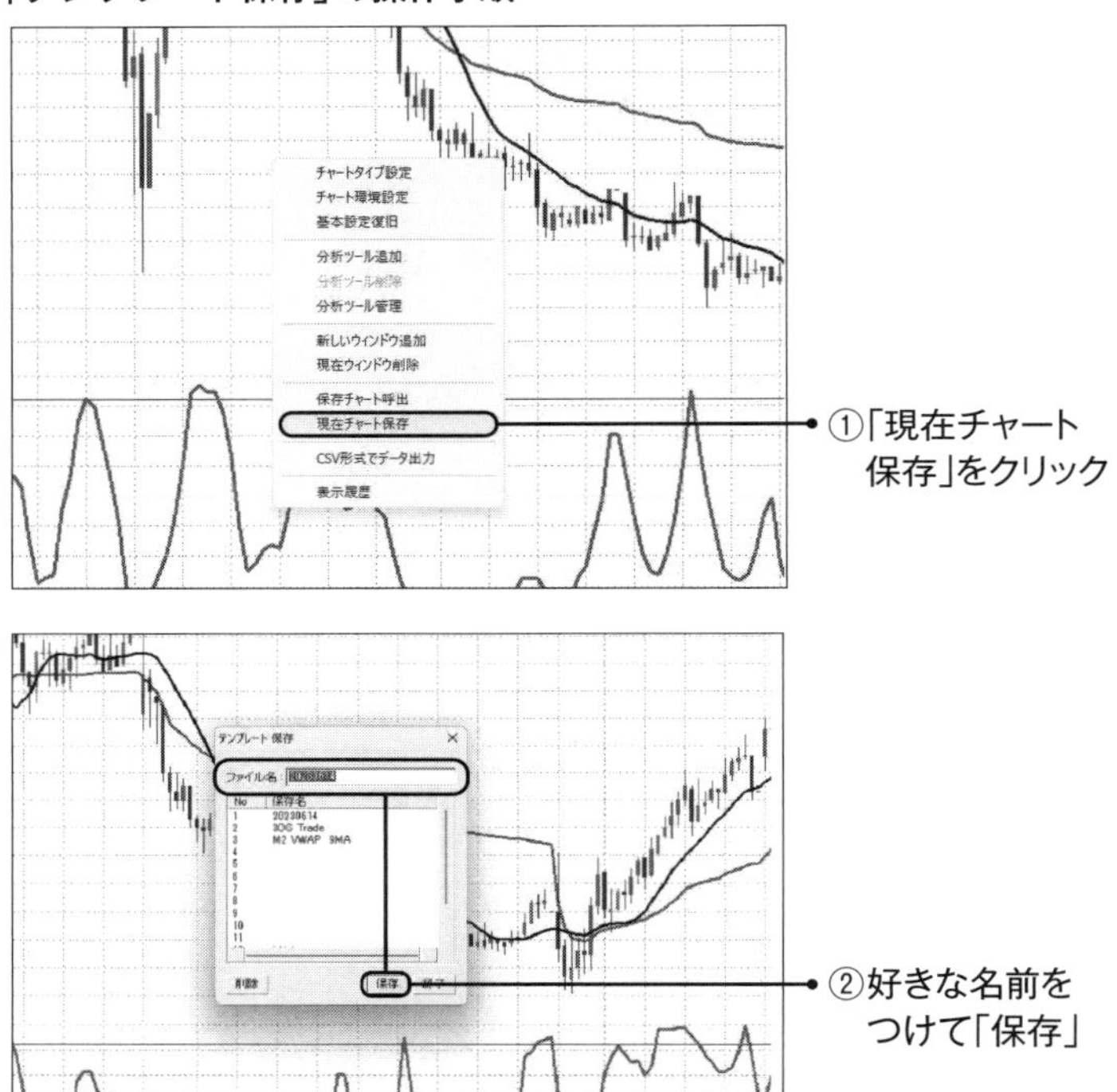

紫垣流デイトレードの「銘柄選び」の基本

◆1日で大きな値動きをする銘柄を選ぶ

ここからは、普段私がやっている方法を中心に、初心者でもすぐに銘柄を選ぶことができる方法についてご紹介していきましょう。

デイトレードの「銘柄選び」で重要になってくるのは、価格変動のスピード、出来高や売買代金の多さです。

まず「価格変動のスピード」ですが、デイトレードは1日でエントリーから決済までを完結することが条件です。したがって、デイトレードで利益を出すためには、1日で大きな値動きをする銘柄を選ぶ必要があります。

例えば、1日に3％の値動きをする銘柄と、15％の大きな値動きをする銘柄を比較した場合、当然15％動く銘柄をトレードした方が、デイトレードで利益を出す可能性が高まります。したがって、できるだけ日中に大きな動きが期待できそうな銘柄を選ぶようにしましょう。

◆出来高が少ない銘柄はデイトレードに向かない

ここで注意したいのは、いくら日中に大きな動きが期待できそうな銘柄が見つかったとしても、出来高（取引成立の数）が極端に少ない銘柄はデイトレードには向かないということです。

仮に株価が急激に上がっても、1日の出来高が5万株程度しかない場合、買いたい時に買えなかったり、売りたい時に売れなかったりする可能性があります。そうなれば、利益どころか、大きく損をすることもあります。

したがって銘柄を選ぶ際は、次の2つを基準に銘柄を探してみてください。

・日中に大きな動きが期待できそうな銘柄を探す
・1日平均、20〜30万株程度の出来高のある銘柄を探す

では、そのような銘柄を探すために実際に私がどのようにしているかをご紹介していきましょう。

10 「株式上昇率ランキング」から銘柄を探そう

◆大きな動きが期待できる銘柄を探すために

「日中に大きな動きが期待できそうな銘柄」を探す時に活用してほしいのが、松井証券「ネットストックハイスピード」の機能の1つ、「株式上昇率／下落率」のランキング情報です。このツールは取引時間中、リアルタイムでランキングが自動で入れ替わりますので、勢いよく株価が上昇している銘柄を見つけるのに優れています。

また「出来高」もリアルタイムで表示されるので、出来高が極端に少ない銘柄が一日でわかり、出来高の少ない銘柄をトレードするリスクを排除できます。

◆ランキング上位銘柄の値動きを観察してみよう

私は、午前9時の取引開始後、特に上昇率20位以上の銘柄に着目して、勢いよく株価が上

株式上昇率／下落率

M [2203]株式上昇率/下落率

株式新高値/新安値 | 株式S高/S安 | 株式上昇率/下落率 | 株式株価/出来高分析

全市場 ▼ | ◉上昇率 ○下落率 | 前日 ▼ | ☑自動更新 | 更新 | 一括登録 | 前へ | 次へ

順位	銘柄名			市場	信用売	現在値	前日比	騰落率	出来高	売気配	対象値段	買気配	上昇率
1	トリプルア	P	5026	東G	—	1,472	↑ 300	25.59%	1,435,500	0	1,172	1,472	25.59%
2	SBテクノ		4726	東P	半	2,546	↑ 500	24.43%	62,700	0	2,046	2,546	24.43%
3	アイザワ証		8708	東P	半	1,600	↑ 300	23.07%	94,800	0	1,300	1,600	23.07%
4	日アンテナ		6930	東S		608	↑ 100	19.68%	19,100	0	508	608	19.68%
5	三益半導		8155	東P		3,235	↑ 503	18.41%	61,700	0	2,732	3,235	18.41%
6	スマートバ		9417	東S		552	↑ 80	16.94%	172,500	0	472	552	16.94%
7	データセク	P	3905	東G	—	1,822	▲ 243	15.38%	2,909,700	1,823	1,579	1,806	15.38%
8	ユアテック		1934	東P	半無 —	1,513	▲ 192	14.53%	1,028,300	1,517	1,321	1,511	14.53%
9	レジル		176A	東G		1,249	▲ 152	13.85%	1,439,900	1,249	1,097	1,238	13.85%
10	ダイブ	P	151A	東G	—	3,740	▲ 450	13.67%	187,000	3,740	3,290	3,705	13.67%
11	ゼオン		4205	東P	半無 —	1,590	▲ 175.5	12.40%	4,602,900	1,595	1,414.5	1,589.5	12.40%
12	エリアリン		8914	東S	半	3,090	▲ 335	12.15%	365,800	3,095	2,755	3,060	12.15%
13	ソーシャル	P	3929	東G	—	287	▲ 31	12.10%	2,588,400	288	256	283	12.10%
14	テクノホラ		6629	東S	半	526	▲ 54	11.44%	1,060,800	526	472	522	11.44%
15	明星工		1976	東P	半無 —	1,328	▲ 135	11.31%	590,300	1,330	1,193	1,326	11.31%
16	JET	P	6228	東S	—	3,870	▲ 370	10.57%	1,045,600	3,870	3,500	3,850	10.57%
17	大井電気	P	6822	東S	—	2,021	▲ 180	9.77%	91,000	2,021	1,841	2,000	9.77%
18	サイバート		4498	東G	半	1,785	▲ 154	9.44%	173,700	1,800	1,631	1,783	9.44%
19	ジェイドG	P	3558	東G	—	1,524	▲ 127	9.09%	524,900	1,526	1,397	1,520	9.09%
20	YTL		1773	東P		97	▲ 8	8.98%	441,000	97	89	95	8.98%
21	三井E&S		7003	東P	半無 —	1,692	▲ 132	8.46%	35,070,000	1,697	1,560	1,691	8.46%
22	邦ガス		9533	東P	半無 —	4,135	▲ 320	8.38%	1,443,900	4,153	3,815	4,135	8.38%
23	INFOR	P	9338	東G	—	3,930	▲ 300	8.26%	485,200	3,940	3,630	3,925	8.26%
24	インソース		6200	東P	半	779	▲ 59	8.19%	1,192,800	781	720	778	8.19%
25	REMIX	P	3825	東S	—	160	▲ 12	8.10%	1,259,500	160	148	158	8.10%
26	マクビーP	P	7095	東G	—	A 13,590	▲ 1,010	8.02%	128,300	13,600	12,580	13,570	8.02%
27	富士通ゼ		6755	東P	半	1,970	▲ 145.5	7.97%	1,872,800	1,971.5	1,824.5	1,968	7.97%
28	名村造		7014	東S	半	1,972	▲ 145	7.93%	7,584,700	1,977	1,827	1,971	7.93%
29	ソシオネク	P	6526	東P	半 —	4,307	▲ 313	7.83%	37,913,100	4,345	3,994	4,307	7.83%
30	PCA		9629	東P		1,877	▲ 136	7.81%	231,000	1,877	1,741	1,869	7.81%
31	キーエンス		6861	東P	半無 —	69,610	▲ 5,030	7.78%	1,377,000	69,690	64,580	69,600	7.78%

昇している銘柄に目をつけて、エントリーを行います（エントリー方法は後ほどお伝えします）。

まずは「株式上昇率／下落率」のランキングを使って、銘柄選びを行ってみてください。いきなりランキング銘柄へトレードを行うのではなく、はじめはランキング上位に入ってきた銘柄がどのような値動きをするか観察してみましょう。

「株式上昇率／下落率」のランキング情報は、松井証券「ネットストックハイスピード」のツールバーの「株式情報→株式ランキング→株式上昇率／下落率」で表示されます。

株式上昇率／下落率の呼び出し方法

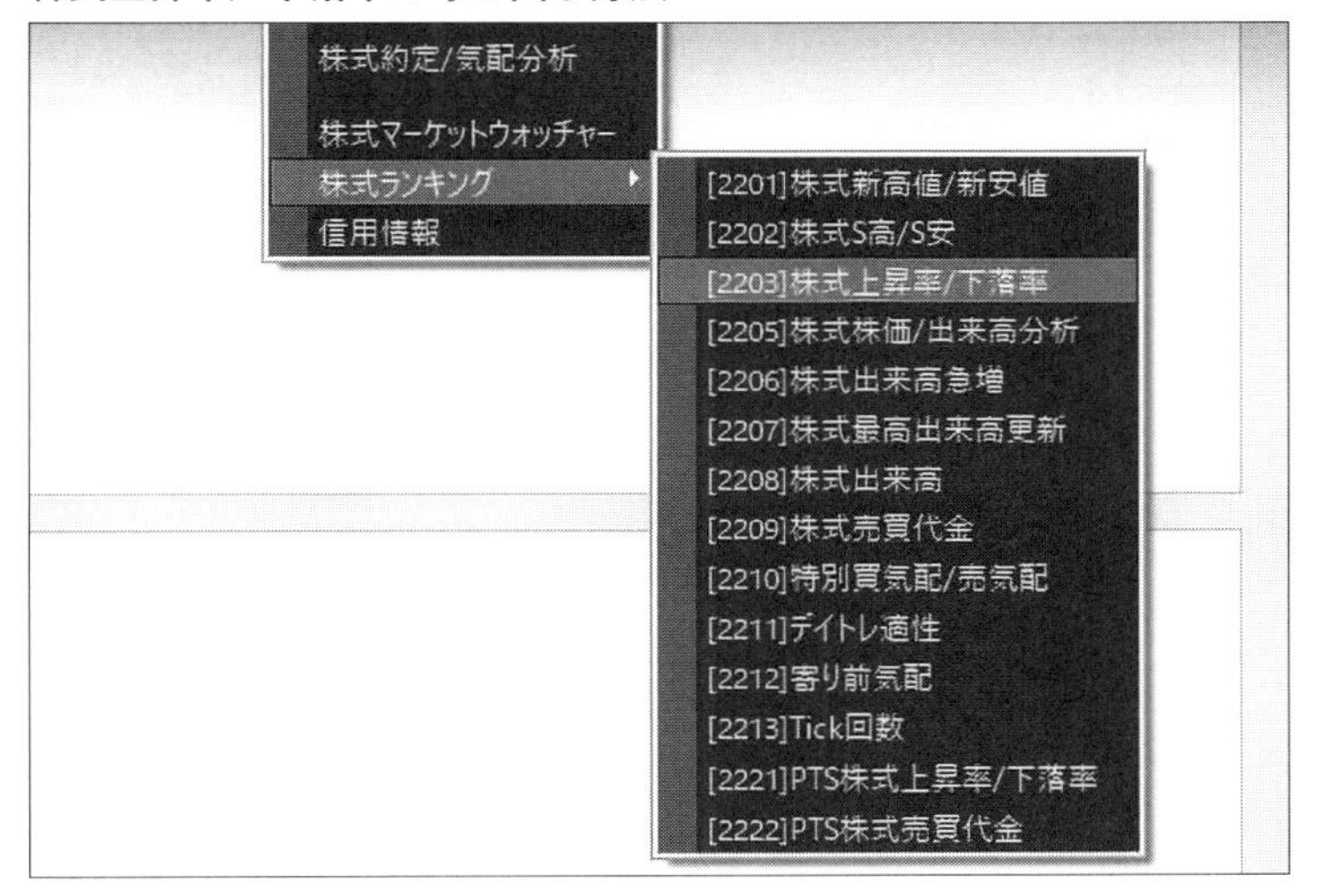

11 東証プライム銘柄から選ぼう

◆出来高を考えれば東証プライムだけで十分

「株式上昇率／下落率」のツールでは、「全市場」「東証全体」「東P」「東S」「東G」他、それぞれの市場別にランキングを表示させることができます。

はじめはどの市場を表示させるか迷うかもしれませんが、私は「東P」だけで十分かと考えています。

「東P」とは東証プライムのことです。以前の「東証1部」に相当する市場で、日本の大企業を中心とした銘柄が上場しています。

デイトレードでは「1日平均、20～30万株程度の出来高のある銘柄を探す」ので、その条件を満たすためには「東P」を使うのが良いと考えています。なので、まずは「東P」の銘柄から探してみてください。

市場別ランキングの呼び出し方法

M [2203]株式上昇率/下落率

株式新高値/新安値 | 株式S高/S安 | **株式上昇率/下落率** | 株式…

東P ▼　◉上昇率　○下落率　当日始値比 ▼

全市場
東証全体
東P
東S
東G
名証
福証
札証
ETF・ETN
REIT

	名			市場	信用売		現在値	前日比	騰落率
[illegible]	[illegible]	P	8614	東P		―	393	▲ [illegible]	[illegible]
[illegible]	[illegible]		1773	東P			108	▲ [illegible]	[illegible]
[illegible]	[illegible]ロ		7383	東P	半		216	▲ [illegible]	[illegible]
[illegible]	[illegible]		9509	東P	半無	―	1,124.5	▲ [illegible]	[illegible]
[illegible]	[illegible]		8706	東P	半	―	1,604	▲ [illegible]	[illegible]
6	[illegible]	P	6526	東P	半	―	4,477	▲ [illegible]	[illegible]
7	PD		4587	東P	半無	―	2,022	[illegible]	[illegible]
8	住友ファマ		4506	東P	半無	―	423	▲ [illegible]	[illegible]
9	東製鉄		5423	東P	半無	―	1,751	▲ [illegible]	[illegible]
10	さくら	P	3778	東P		―	5,720	▲ [illegible]	[illegible]

12

業種別の値上がり状況をチェックする

◆上昇率の高い業種は絶好の絶好のターゲット

「株式上昇率／下落率」のツールでは、さまざまな業種の銘柄がランキングされるので、はじめてデイトレードを行う場合、銘柄選択に迷うことがあるかもしれません。そこで銘柄選択に迷わないように、「業種別」の上昇率ランキングも同時にチェックすると良いでしょう。

実は「株式上昇率／下落率」のツールで「東P」銘柄をチェックすると、同業種の銘柄がランキング上位に入ることがよく起こります。これは機関投資家などが、同業種に一斉に買いを入れることで起きる現象だと考えていますが、このような時こそ、絶好のデイトレードのチャンスになるのです。

図は、楽天証券MARKETSPEEDⅡの「業種別指数一覧」というページです。このページを見てもらうと、前日比の上昇率順に業種が表示されているのが確認できます。

この日は「電気・ガス」の業種が朝から上昇率のトップとなり、電力株のデイトレードで

MARKETSPEED Ⅱの「業種別指数一覧」

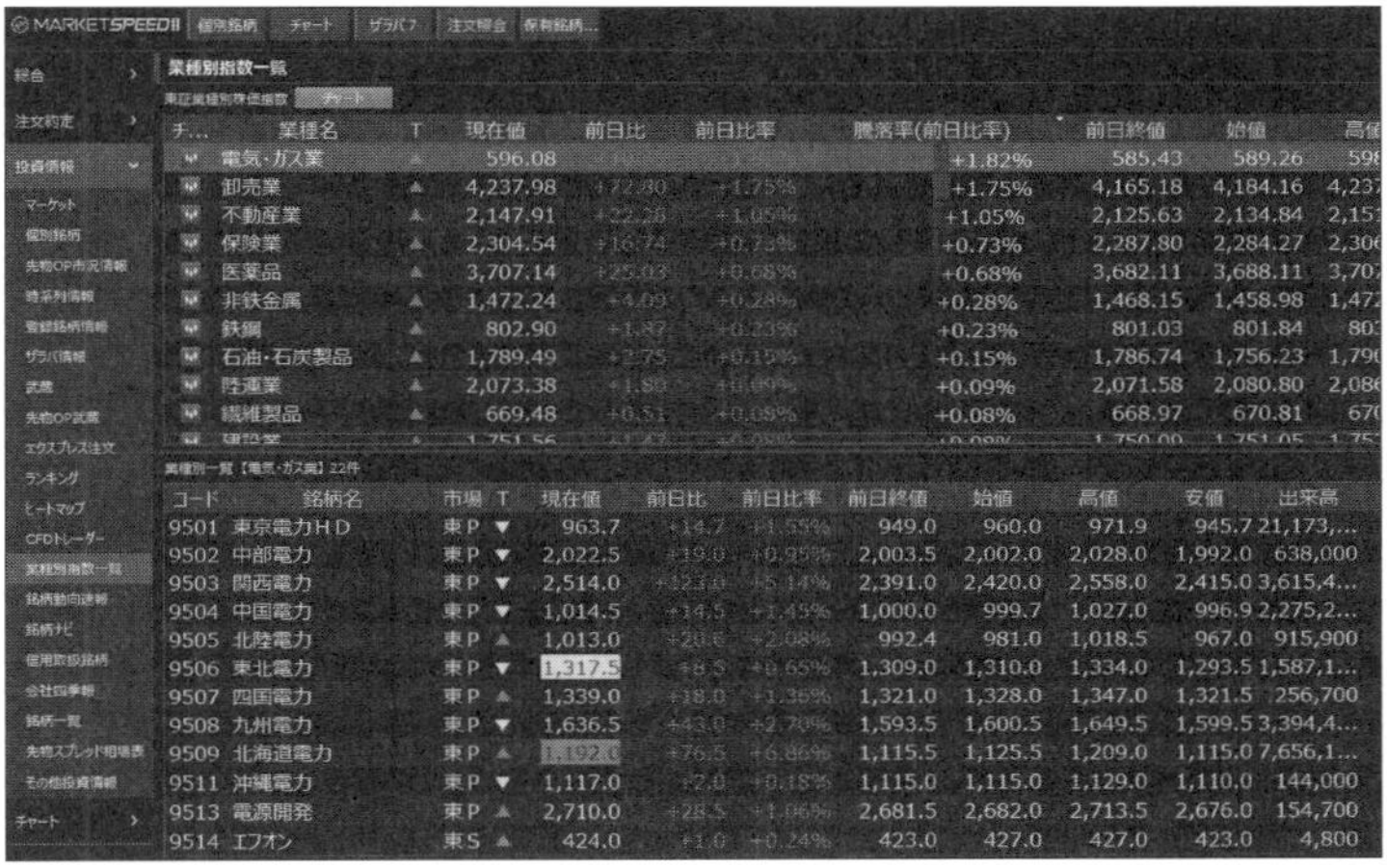

MARKETSPEEDⅡ　個別銘柄　チャート　ザラバ7　注文照会　保有銘柄...

総合 / 注文約定 / 投資情報 / マーケット / 個別銘柄 / 先物OP市況情報 / 時系列情報 / 登録銘柄情報 / ザラバ情報 / 武蔵 / 先物OP武蔵 / エクスプレス注文 / ランキング / ヒートマップ / CFDトレーダー / 業種別指数一覧 / 銘柄動向速報 / 銘柄ナビ / 信用取扱銘柄 / 会社四季報 / 銘柄一覧 / 先物スプレッド相場表 / その他投資情報 / チャート

業種別指数一覧

東証業種別株価指数　チャート

チ...	業種名	T	現在値	前日比	前日比率	騰落率(前日比率)	前日終値	始値	高値
	電気・ガス業	▲	596.08			+1.82%	585.43	589.26	598
	卸売業	▲	4,237.98	+72.80	+1.75%	+1.75%	4,165.18	4,184.16	4,237
	不動産業	▲	2,147.91	+22.28	+1.05%	+1.05%	2,125.63	2,134.84	2,151
	保険業	▲	2,304.54	+16.74	+0.73%	+0.73%	2,287.80	2,284.27	2,306
	医薬品	▲	3,707.14	+25.03	+0.68%	+0.68%	3,682.11	3,688.11	3,707
	非鉄金属	▲	1,472.24	+4.09	+0.28%	+0.28%	1,468.15	1,458.98	1,472
	鉄鋼	▲	802.90	+1.87	+0.23%	+0.23%	801.03	801.84	803
	石油・石炭製品	▲	1,789.49	+2.75	+0.15%	+0.15%	1,786.74	1,756.23	1,790
	陸運業	▲	2,073.38	+1.80	+0.09%	+0.09%	2,071.58	2,080.80	2,086
	繊維製品	▲	669.48	+0.51	+0.08%	+0.08%	668.97	670.81	670

業種別一覧【電気・ガス業】22件

コード	銘柄名	市場	T	現在値	前日比	前日比率	前日終値	始値	高値	安値	出来高
9501	東京電力HD	東P	▼	963.7	+14.7	+1.55%	949.0	960.0	971.9	945.7	21,173,...
9502	中部電力	東P	▼	2,022.5	+19.0	+0.95%	2,003.5	2,002.0	2,028.0	1,992.0	638,000
9503	関西電力	東P	▼	2,514.0	+123.0	+5.14%	2,391.0	2,420.0	2,558.0	2,415.0	3,615,4...
9504	中国電力	東P	▼	1,014.5	+14.5	+1.45%	1,000.0	999.7	1,027.0	996.9	2,275,2...
9505	北陸電力	東P	▲	1,013.0	+20.6	+2.08%	992.4	981.0	1,018.5	967.0	915,900
9506	東北電力	東P	▼	1,317.5	+8.5	+0.65%	1,309.0	1,310.0	1,334.0	1,293.5	1,587,1...
9507	四国電力	東P	▲	1,339.0	+18.0	+1.36%	1,321.0	1,328.0	1,347.0	1,321.5	256,700
9508	九州電力	東P	▼	1,636.5	+43.0	+2.70%	1,593.5	1,600.5	1,649.5	1,599.5	3,394,4...
9509	北海道電力	東P	▲	1,192.0	+76.5	+6.86%	1,115.5	1,125.5	1,209.0	1,115.0	7,656,1...
9511	沖縄電力	東P	▼	1,117.0	+2.0	+0.18%	1,115.0	1,115.0	1,129.0	1,110.0	144,000
9513	電源開発	東P	▲	2,710.0	+28.5	+1.06%	2,681.5	2,682.0	2,713.5	2,676.0	154,700
9514	エフオン	東S	▲	424.0	+1.0	+0.24%	423.0	427.0	427.0	423.0	4,800

利益を上げることに成功しました。

このように「東P」銘柄の中で、どこの業種が買われているかを知ることで、より銘柄選びがスムーズになります。

13 できるだけ「板」の価格、買い株数が多い銘柄を選ぼう

◆すべての価格に注文が入っていれば売買しやすい

「株式上昇率／下落率」のツールで見つけた銘柄をトレードする時に気をつけていただきたいのが「板情報」です。

チェックするポイントは2つあります。まず1つめは、「すべての価格に注文が入っているか?」ということ。そしてもう1つは、「売りの株数に対して、買いの株数が多いか?」ということです。

まず「すべての価格に注文が入っているか?」から説明します。

デイトレードを行うにあたって重要なのが「いつでも買える」「いつでも売れる」ということです。なぜなら1日で取引を完結させるので、できるだけ自分に有利な価格で取引をすることが求められるからです。

板情報を見て、すべての価格にそれぞれ多くの注文が入っているような銘柄なら「いつで

も買える」「いつでも売れる」というトレードが可能になります。

しかし、注文状況が入っていない価格が多く存在し、歯抜け状態になっているような銘柄では、思った価格で取引するのが難しく、なかなか利益を出すことができません。つまり、デイトレードには不向きな銘柄ということになります。

すべての価格に多くの注文が入っている板情報

[illegible]	[illegible]		
5,400	1,691		
10,200	1,690		
7,900	1,689		
6,900	1,688		
5,500	1,687	V	
6,600	1,686		
14,900	1,685		
11,200	1,684		
8,900	1,683		
7,800	1,682		
13,400	1,681		
12,800	1,680		
5,500	1,679		
5,500	1,678		
200	1,677		
	1,676		2,600
	1,675	引	8,600
	1,674		8,900
	1,673		17,100
	1,672		18,300
	1,671		24,500
	1,670		45,700
	1,669		24,600
	1,668		21,200
	1,667		11,700
	1,666		12,900
	1,665		11,300
	1,664		8,500

したがって銘柄を選ぶ際には「すべての価格に注文が入っているか?」ということをチェックしてみてください。

歯抜け状態になっている板情報

売	値段		買
	成行		
8,900	OVER		
4,000	640		
	639		
400	638		
	637		
	636		
	635		
4,000	634		
200	633		
	632		
	631		
1,700	630		
1,200	629		
1,000	628		
400	627		
	626		
	625		
	624		
	623		
	622		
	621	V	
	620		1,100
	619		200
	618		1,100
	617	O	100
	616		100
	615		600
	614		
	613		4,700
	612		
	611		400
	610		
	609		800
	608		

◆売りより買いの株数が多ければ上昇しやすい

もう1つ重要なのが、「売りの株数に対して、買いの株数が多いか?」ということです。

基本的にエントリーする場合、「買い」から入ることが多くなると思います。その時にチェックしてほしいのが「売りの株数に対して、買いの株数が多いか?」ということです。

これは絶対条件ではないものの、やはり「指値買い」が多く入っている銘柄は、基本的に上昇しやすい傾向にあります。

また万一、エントリーがうまくいかず損切りしようと思った時、「買い注文」が少ないと想定以上の損失を被る場合があります。

したがってデイトレードの銘柄を選ぶ時「売りの株数に対して、買いの株数が多いか？」というのが重要なポイントになるのです。

売りの株数に対して、買いの株数が多い板情報

100	191		
8,100	190		
6,300	189		
2,400	188		
1,900	187		
1,900	186		
2,000	185		
1,900	184	O	
5,500	183		
3,700	182		
6,200	181		
7,300	180	V	
2,000	179		
	178		7,600
	177		11,400
	176		16,000
	175		23,600
	174		4,400
	173		5,800
	172		1,800
	171		2,200
	170		8,600
	169		58,400
	168		800
	167		2,300
	166		200

買い株数多い

14 勢いのある銘柄を選ぼう

◆毎日上がっている銘柄が出現したらチャンス

毎日「株式上昇率／下落率」のツールを使っていると、「あれ!? この銘柄、また上がっているな」と気付くことが頻繁に起こります。私も毎日チェックしていますが、ほぼ毎日、勢いよく上がっている銘柄に遭遇します。

そのような銘柄を見つけた時、デイトレードのチャンスになります。

図は「住石ＨＤ（証券コード１５１４）」という銘柄のチャートです。出来高を急増させながら、株価が勢いよく上昇しています。

この銘柄は２０２３年9月くらいから勢いよく上昇し、短期間で株価が10倍以上になりました。私もデイトレードやスイングトレードを行い、大きな利益を得ることに成功した銘柄の１つです。

「株式上昇率／下落率」のツールで、いつも上昇している銘柄が出現した場合、その銘柄は

住石HD（証券コード1514）のチャート

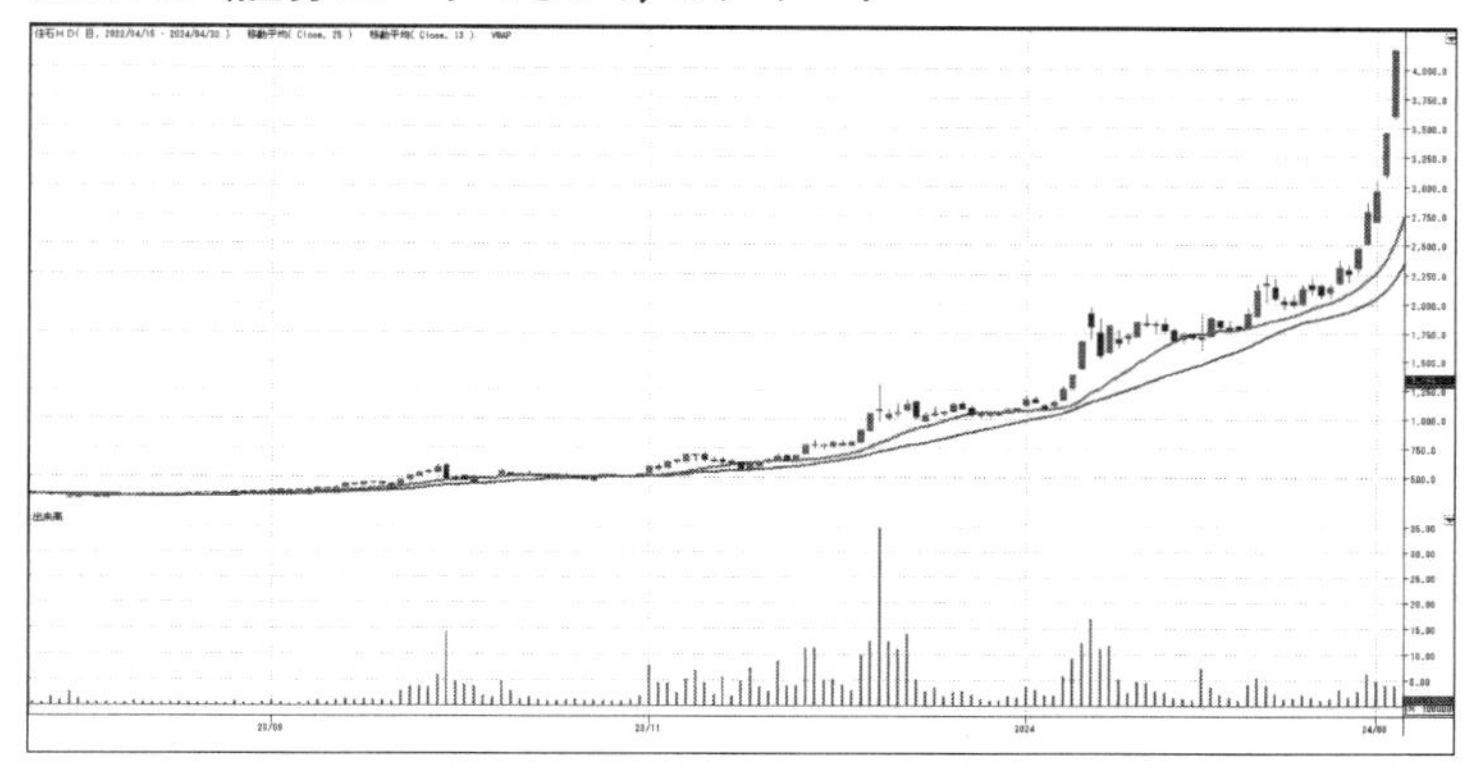

デイトレードを通じて大きな利益が得られる可能性がありますので、このような銘柄を見つけたら、ぜひチェックしておきましょう。

15 「株探」から銘柄を探そう

◆「本日の【サプライズ決算】速報」に出た銘柄は要チェック

日本の投資家に広く使われている「株探」（https://kabutan.jp/）というWEBサイトがあります。もしかすると、あなたも見たことがあるかもしれませんね。

この「株探」を使って銘柄を探す時に活用してほしいのが「本日の【サプライズ決算】速報」という記事です。

私は毎日この記事をチェックして、翌日のデイトレードに活かしています。それだけ効果的な銘柄選びが実現できると思っています。

ほとんどの場合、企業の決算発表は15時の大引け後に行われますが、好決算を発表した銘柄は当然、翌日の株価が大きく動く可能性が高く、デイトレードを行う銘柄が見つけやすくなります。

ちなみに私は、「本日の【サプライズ決算】速報」で出てきた銘柄の出来高をチェックし、直近の出来高が多い銘柄をピックアップして翌日株価が上昇するようなら、「買い」でエントリーすることが多いですね。とても勝率の高い方法だと思います。

ぜひチェックしてみてください。

株探

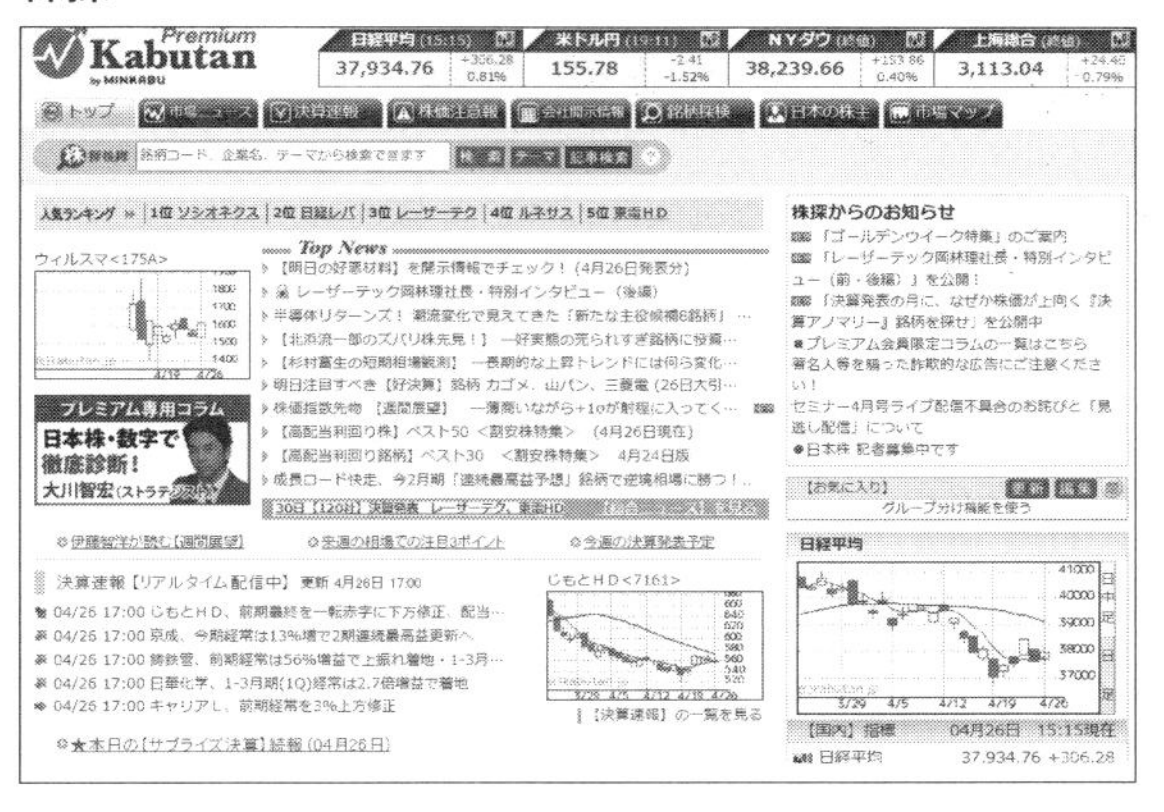

株探の「本日の【サプライズ決算】速報」

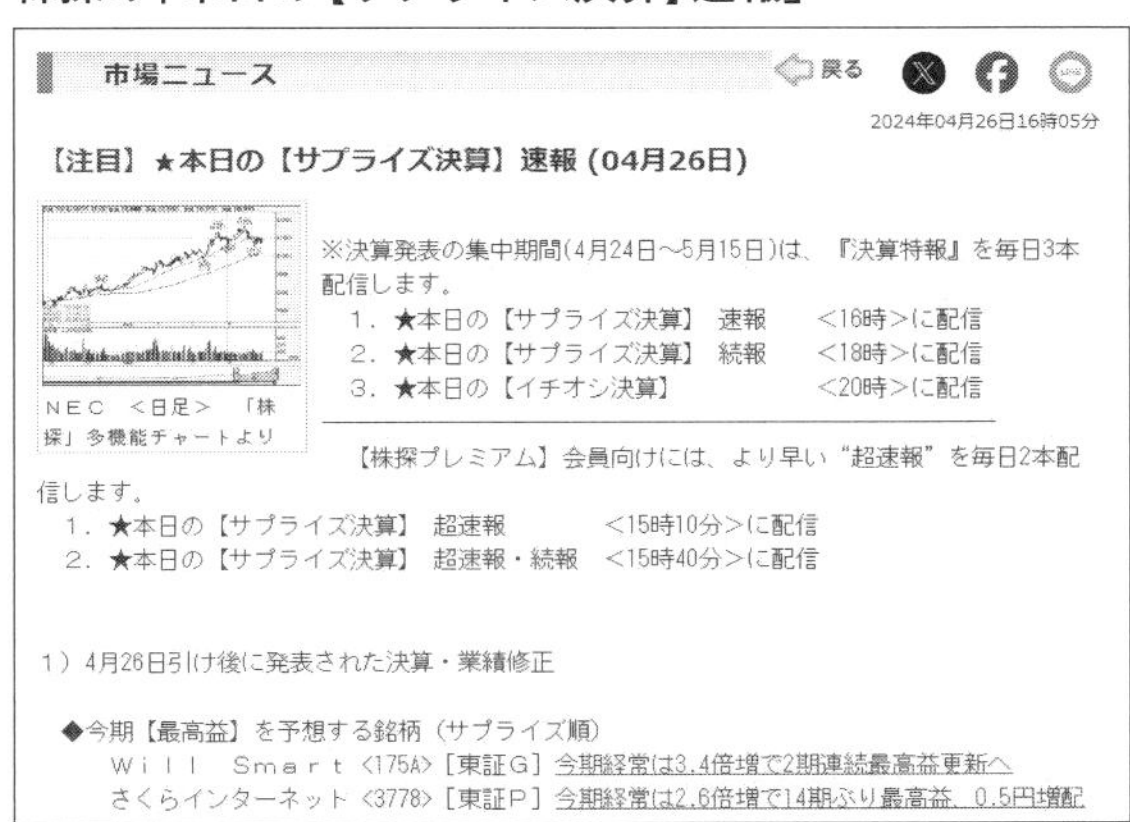

株探の「人気ランキング」

◆「人気ランキング」の銘柄も監視対象に

もう一つ「株探」での銘柄の選び方をお教えします。

「株探」のトップページにある「人気ランキング」に出てくる銘柄ですが、多くの投資家が取引に参加していることもあり、1日の中で株価変動が大きく、デイトレードで収益が期待できる銘柄です。

私は、ここに出てくる銘柄をピックアップして、当面のデイトレード対象銘柄として監視し、チャンスがあれば積極的にトレードを行って利益を得ています。

ぜひ「人気ランキング」をチェックしてみてください。

16 デイトレで成功する銘柄を見つけるための〝ウラ技〟

◆MARKETSPEEDⅡの独自機能が便利

本章の最後に、デイトレードで成功する銘柄を見つけるための〝ウラ技〟をお教えしましょう。

私はこの〝ウラ技〟を使っているので、銘柄選びに困ることは一切ありません。それだけ成功確率の高いノウハウです。ほとんど知られていない方法なので、正直、公開するかどうか非常に迷いましたが、本書の読者さまに喜んでもらうために、思い切って公開することにしました。

ぜひ、この〝ウラ技〟を使って、デイトレードで稼いでいただければ嬉しいです。

この方法は第3章でお伝えした、楽天証券の「MARKETSPEEDⅡ」というツールを使います。私は、このツールを最大限活用していますが、文字がとても見やすく、便利な機能が備わっています。

私がこのツールで一番使っている機能は「値上がり率ランキング」という機能です。松井証券の「株式上昇率／下落率」と何が違うのかと言うと、リアルタイムなランキング情報と同時に、「分足チャート」が同時に見られるのです。この機能は「ＭＡＲＫＥＴＳＰＥＥＤⅡ」でしか再現できないものです。

◆ランキング上位銘柄のチャートをすぐチェックできる

「ＭＡＲＫＥＴＳＰＥＥＤⅡ」でランキング情報での「分足チャート」の出し方はとても簡単です。

①まずはツールを開き「左メニュー」の「ランキング」をクリックします。「ランキング情報」が表示されたら、プルダウンメニューの「値上がり率」と「東証プライム」を選択します。

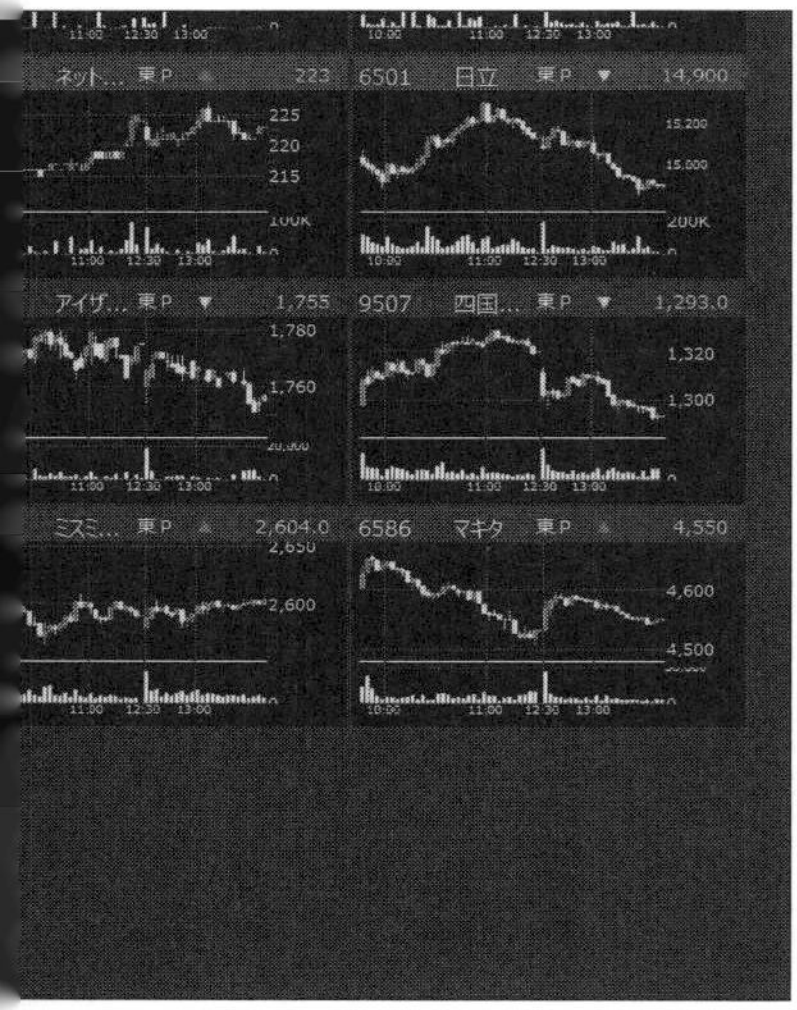

MARKETSPEED Ⅱの「値上がり率ランキング」

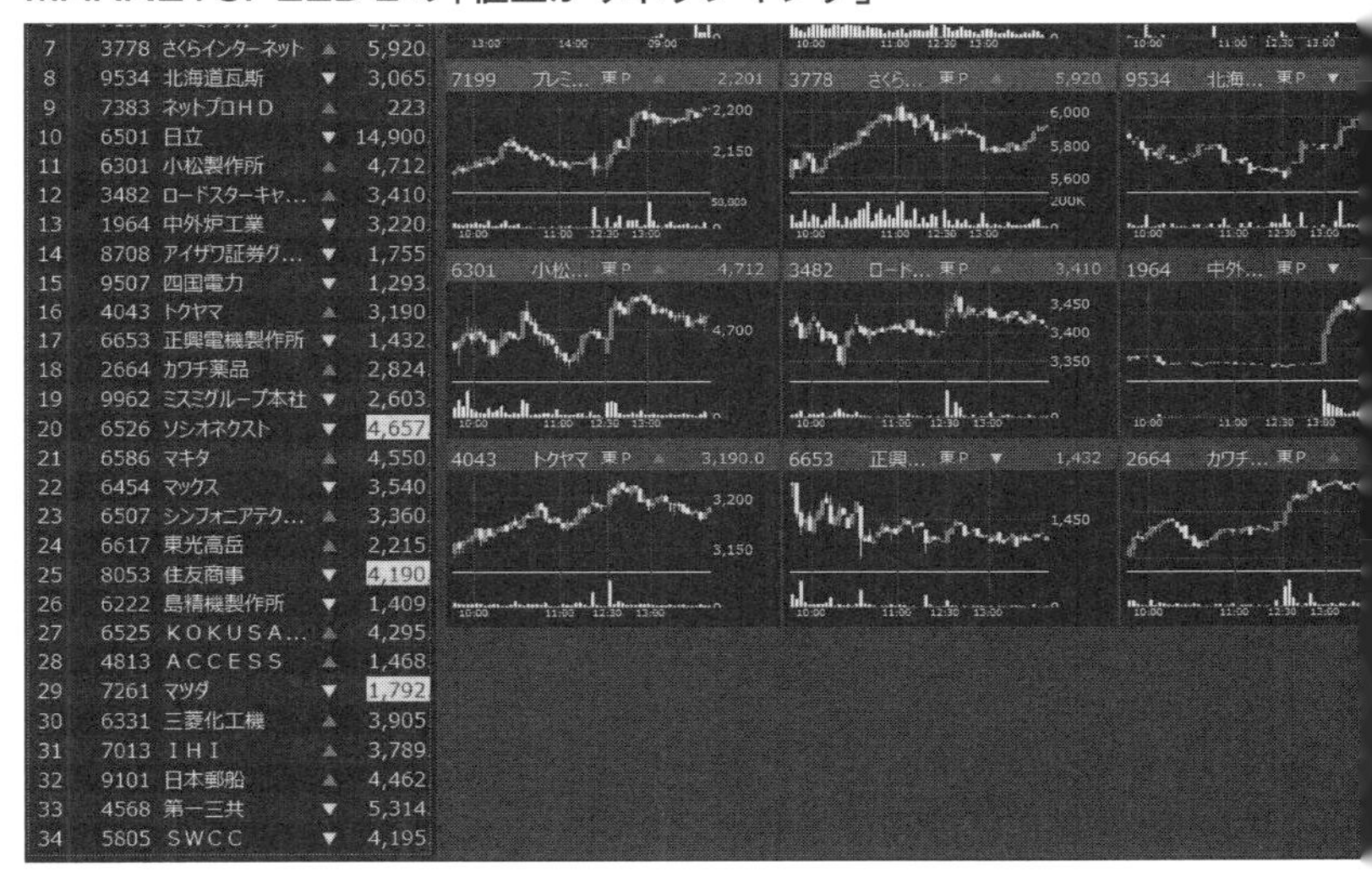

②選択できたら「チャート」のボタンをクリックします。

③すると「上昇率ランキング銘柄」のチャートが右側に表示されます。後は「足種」の分足を「5分」に設定すればOKです。

このように表示させておくことで、ランキング上位にある銘柄のチャートを見れば株価の勢いがすぐにチェックでき、誰でも簡単に銘柄を選ぶことが可能になるのです。

いかがでしたでしょうか？

「難しい」と思われがちなデイトレードの銘柄選びですが、見るところが決まれば、それほど銘柄に選びに迷うことはありません。プロのデイトレーダーは、銘柄をとことん絞り込み、数銘柄に集中してトレードを行います。あなたもぜひ、今回ご紹介した「銘柄選択手法」を試していただければ嬉しく思います。

「分足チャート」の出し方

①「値上がり率」と「東証プライム」を選択

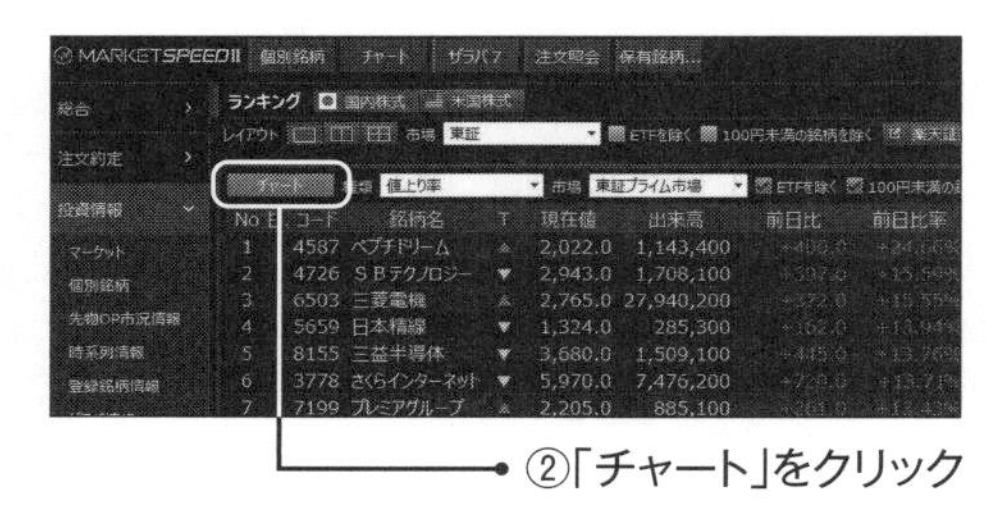

②「チャート」をクリック

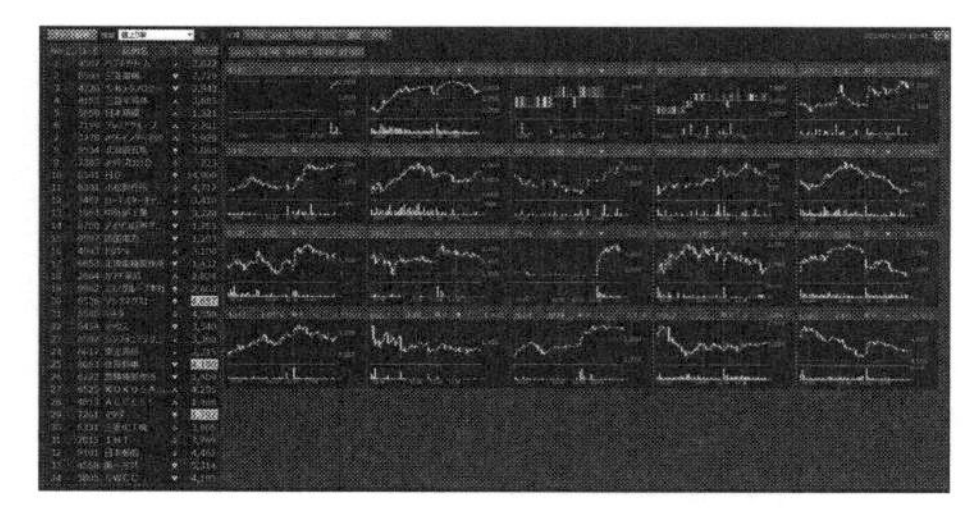
③チャートが右側に表示される

第5章

紫垣流デイトレードの「エントリー手法」と「利益確定法」

01

紫垣流デイトレードの「エントリー手法」の基本

◆まずはチャート設定の再確認

「チャート設定」を終え、「銘柄選択」の方法を習得したところで、いよいよここからは、私が普段のデイトレードで行う「エントリー方法」について詳しくお伝えします。

この章で使うツールは、以下の2つです。

・松井証券「ネットストックハイスピード」
・楽天証券「ＭＡＲＫＥＴＳＰＥＥＤⅡ」

いずれのツールも口座開設していれば「無料」で使えますので、この機会に口座開設後、ツールをパソコンにダウンロードして使ってみてください。

また、前章で説明したように紫垣流デイトレードは、以下のチャート設定で行います。

紫垣流デイトレードのチャート設定

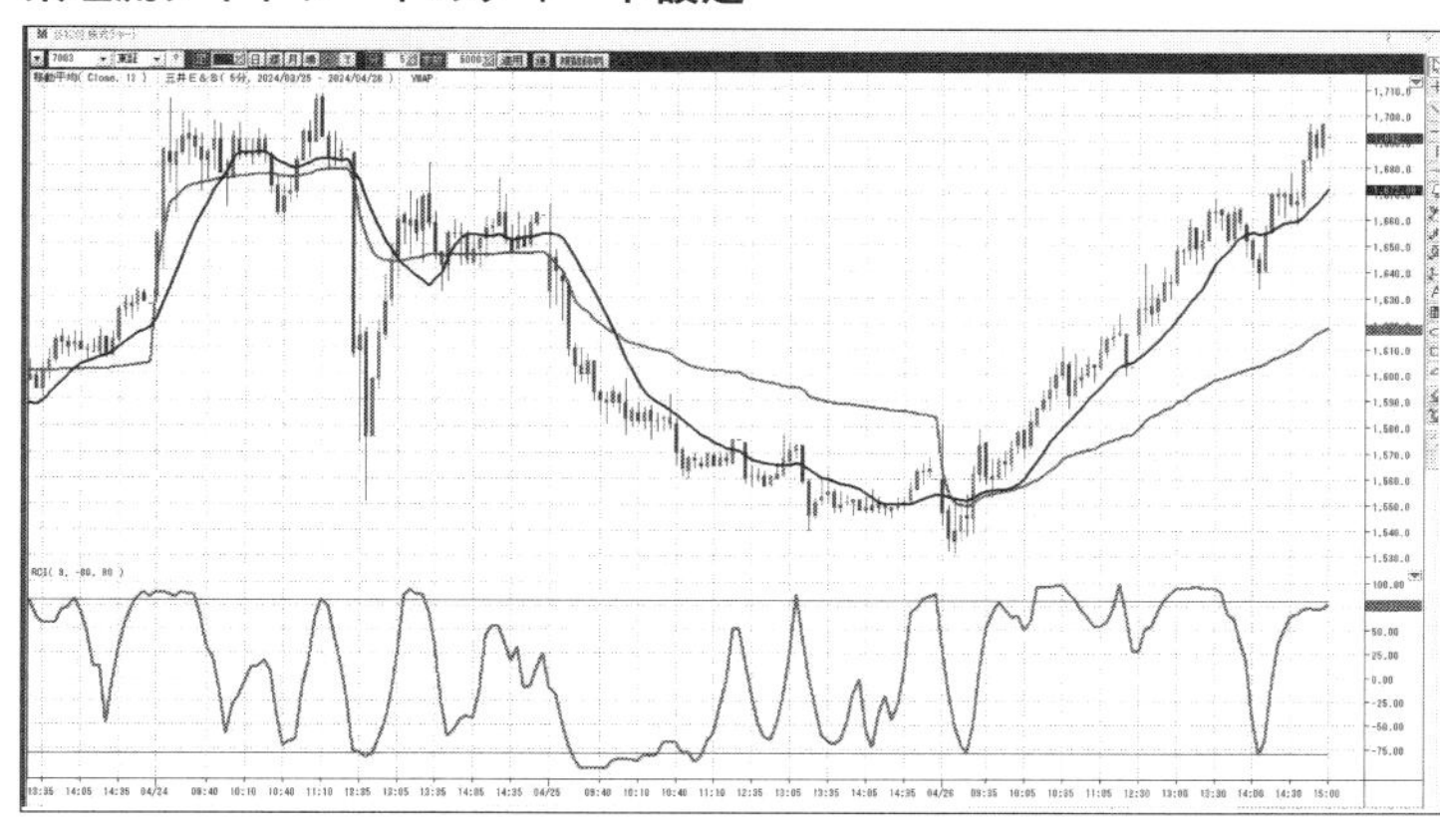

・5分足チャートを使う
・「VWAP」を表示させる
・「13」の移動平均線を表示させる
・「RCI」を表示させる

このチャート設定を行うと、図のようなチャートが描けると思います。とても簡単に設定できるので、ぜひツールを立ち上げてチャート設定を行ってみてください。

なお、紫垣流デイトレードでは、このチャート設定のみを使いますが、ご自身で新たなテクニカル指標を追加して使うのも構いません。ただ、あまりたくさんのテクニカル指標を使うと、わけがわからなくなるので注意してください。

◆「買い」を中心に、相場の勢いがなくなったら「空売り」も併用

紫垣流デイトレードのエントリー手法では、「買い」と「空売り」を併用し、相場の値動きによってポジションを取っていきます。

相場の動きが強い時は「買い」を中心に行い、株価に上昇の勢いがなくなってきたら「空売り」を行うというやり方です。

そのために「分足チャート」「VWAP」「移動平均線」や「RCI」を用いてエントリーの判断を行い、積極的、効率的に利益を狙います。

ではさっそく、「買いエントリー」の手法からお伝えしましょう。

VWAPを使った「買いエントリー」手法

◆取引開始直後のエントリーにはVWAPを使おう

まずは、VWAPを使った「買いエントリー」についてお伝えしていきます。

一般の個人投資家の多くは移動平均線を見て判断するかもしれませんが、取引開始直後に株価が勢いよく上がった場合（下がった場合も同様）、遅効性のある移動平均線では株価の動きについて来れず、判断できません。

したがって紫垣流デイトレードでは、取引開始直後の9時から9時30分くらいに勢いよく動く銘柄へのエントリーは、VWAPを使って判断します。

では、2024年5月の事例を使って、VWAPを使った「買いエントリー」の具体的な流れについて解説していきましょう。

◆「株式上昇率／下落率」ランキングから銘柄を探す

図は取引直後の「株式上昇率／下落率」ランキングの内容です。

これだけだと「どの銘柄を選ぼうか？」と考えてしまうかもしれませんが、ここから前章で解説した紫垣流の銘柄選びの方法に沿って銘柄を絞り込んでいきます。

まず「東証プライム市場」を選んでください。図に表示されている銘柄はすべて「東証プライム市場」の銘柄になりますので、この中から選ぶことを考えます。

次に「出来高の多い銘柄」を選んでいきます。理由は、「買いたい時に買え、売りたい時に、いつでも売れる」からですね。これ、とても重要なポイントです。

図中の銘柄の中で、出来高の多いのはどの銘柄かと言うと、だいたいこのあたりですね。

・4位：関西電力（証券コード９５０３）………70万５０００株
・21位：あおぞら銀行（証券コード８３０４）…43万９０００株
・33位：九州電力（証券コード９５０８）………94万７６００株

「株式上昇率／下落率」ランキング

東P ▼　◉上昇率　○下落率　前日 ▼　☑自動更新　更新　一括登録　前へ　次へ

順位	銘柄名			市場	信用売		現在値	前日比		騰落率	出来高	売気配	対象値段	買気配	上昇率
1	SREHD		2980	東P	半		4,065	▲	180	4.63%	17,500	4,070	3,885	4,060	4.63%
2	DmMIX		7354	東P	半		254	▲	11	4.52%	209,700	254	243	253	4.52%
3	リズム	P	7769	東P		一	3,250	▲	110	3.50%	8,800	3,260	3,140	3,225	3.50%
4	関西電		9503	東P	半無	一	2,474.5	▲	83.5	3.49%	705,700	2,475	2,391	2,474.5	3.49%
5	ヨシムラF		2884	東P	半		1,609	▲	53	3.40%	94,200	1,614	1,556	1,608	3.40%
6	トーエネク		1946	東P	半		5,300	▲	170	3.31%	3,600	5,310	5,130	5,280	3.31%
7	TOA		6809	東P	半		1,205	▲	37	3.16%	34,500	1,205	1,168	1,201	3.16%
8	トラコスモ		9715	東P	半無	一	3,300	▲	100	3.12%	20,500	3,305	3,200	3,295	3.12%
9	山パン		2212	東P	半無	一	3,789	▲	114	3.10%	144,300	3,793	3,675	3,789	3.10%
10	アイネット		9600	東P	半		2,059	▲	59	2.95%	10,300	2,060	2,000	2,050	2.95%
11	藤田観		9722	東P	半		6,500	▲	170	2.68%	12,400	6,510	6,330	6,490	2.68%
12	青山商		8219	東P	半無	一	1,630	▲	42	2.64%	47,500	1,631	1,588	1,628	2.64%
13	柿安本店		2294	東P	半		2,722	▲	69	2.60%	18,400	2,727	2,653	2,717	2.60%
14	NSW		9739	東P			3,180	▲	80	2.58%	3,500	3,195	3,100	3,175	2.58%
15	カワチ薬品		2664	東P	半		2,863	▲	71	2.54%	19,300	2,870	2,792	2,863	2.54%
16	マイクロニ		6871	東P	半無	一	6,880	▲	170	2.53%	112,400	6,880	6,710	6,860	2.53%
17	北ガス		9534	東P	半		3,260	▲	80	2.51%	11,000	3,255	3,180	3,240	2.51%
18	キヤノMJ		8060	東P	半無	一	4,404	▲	105	2.44%	24,900	4,410	4,299	4,403	2.44%
19	カブスHD		7085	東P	半無	一	756	▲	18	2.43%	22,700	757	738	755	2.43%
20	ニトリHD		9843	東P	半無	一	21,175	▲	475	2.29%	112,100	21,185	20,700	21,180	2.29%
21	あおぞら銀	P	8304	東P		一	2,520	▲	55.5	2.25%	439,100	2,521	2,464.5	2,520.5	2.25%
22	瑞光	P	6279	東P		一	1,022	▲	22	2.20%	7,500	1,023	1,000	1,021	2.20%
23	インフォコ		4348	東P	半無	一	2,800	▲	59	2.15%	7,600	2,800	2,741	2,793	2.15%
24	エムアップ		3661	東P	半		1,052	▲	22	2.13%	18,600	1,053	1,030	1,052	2.13%
25	電通総研		4812	東P	半		5,350	▲	110	2.09%	14,600	5,360	5,240	5,340	2.09%
26	エフピコ		7947	東P	半無	一	2,652	▲	52	2.00%	27,400	2,652	2,600	2,647.5	2.00%
27	コニシ		4956	東P	半		1,360	▲	26	1.94%	10,000	1,360	1,334	1,357	1.94%
28	日精線		5659	東P	半		1,259	▲	24	1.94%	9,700	1,262	1,235	1,258	1.94%
29	ミマキ		6638	東P	半		1,262	▲	24	1.93%	30,500	1,265	1,238	1,261	1.93%
30	小糸製		7276	東P	半無	一	2,201.5	▲	40	1.85%	152,300	2,202	2,161.5	2,200.5	1.85%
31	アインHD		9627	東P	半無	一	6,238	▲	113	1.84%	36,200	6,242	6,125	6,233	1.84%
32	ダイヤHD	P	6699	東P		一	785	▲	14	1.81%	600	777	771	772	1.81%
33	九州電		9508	東P	半無	一	1,622.5	▲	29	1.81%	947,600	1,622.5	1,593.5	1,621.5	1.81%
34	南部線		8367	東P	半無	一	3,105	▲	55	1.80%	21,600	3,110	3,050	3,100	1.80%

ここでは「何万株以上で選ぶ」ということではなく、とにかく出来高の多い銘柄から選んでみましょう。

◆「業種別指数一覧」で値上がり状況をチェックする

「株式上昇率／下落率」ランキングと同時にチェックしたいのが、楽天証券MARKETSPEEDⅡの「業種別指数一覧」です。これは「会社四季報」が定めている全33業種のランキングをリアルタイムで表したツールです。

これを見ると、この日は「電気・ガス」が上昇率のトップにあるのがわかります。「株式上昇率／下落率」ラン

MARKETSPEED Ⅱの「業種別指数一覧」

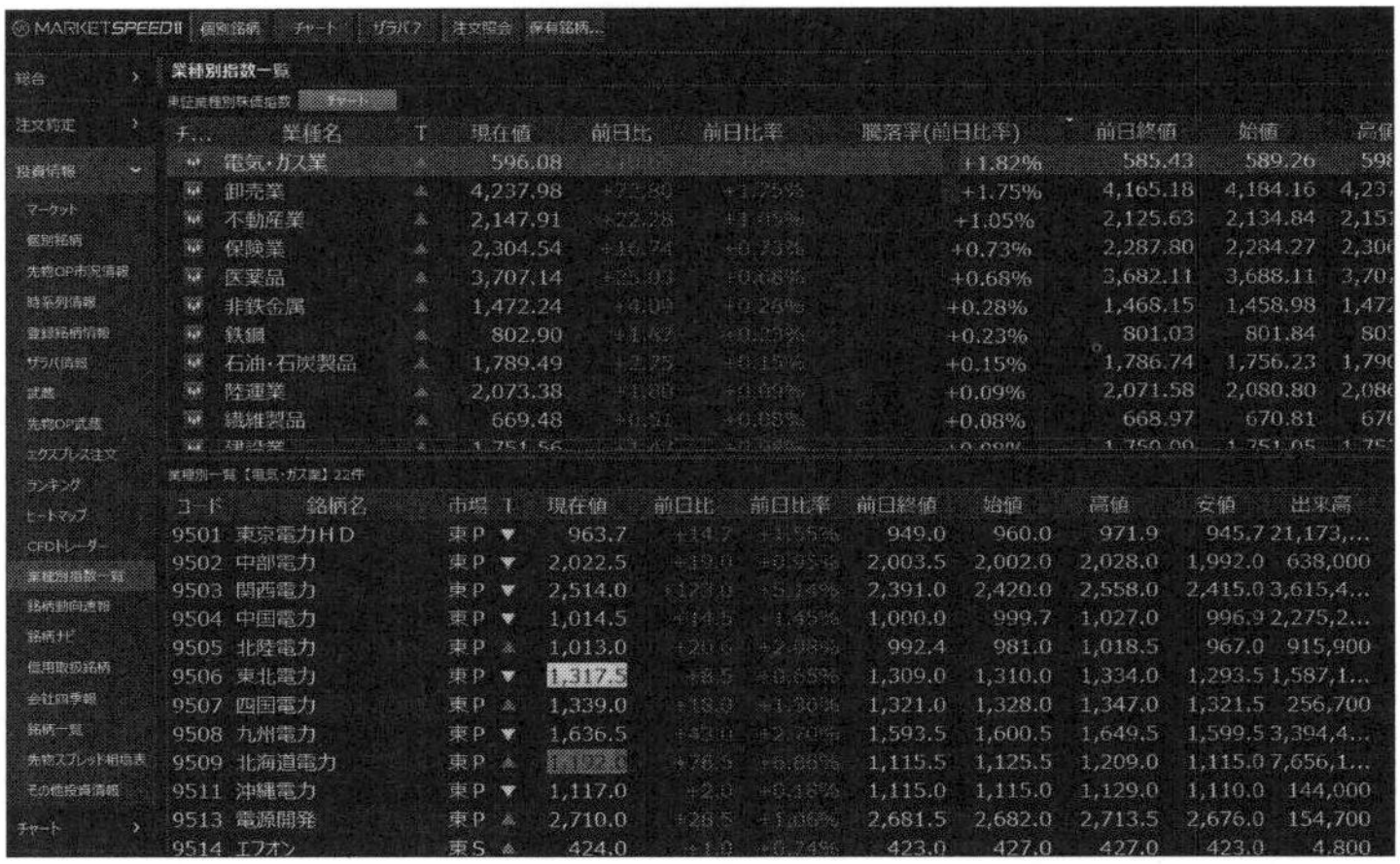

MARKETSPEEDⅡ　個別銘柄　チャート　ザラバ7　注文照会　保有銘柄…

総合 ＞
注文約定 ＞
投資情報 ⌄
マーケット
個別銘柄
先物OP市況情報
時系列情報
登録銘柄情報
ザラバ情報
武蔵
先物OP武蔵
エクスプレス注文
ランキング
ヒートマップ
CFDトレーダー
業種別指数一覧
銘柄動向速報
銘柄ナビ
信用取扱銘柄
会社四季報
銘柄一覧
先物スプレッド相場表
その他投資情報
チャート ＞

業種別指数一覧

東証業種別株価指数　チャート

チ…	業種名	T	現在値	前日比	前日比率	騰落率(前日比率)	前日終値	始値	高値
	電気・ガス業		596.08			+1.82%	585.43	589.26	598
	卸売業		4,237.98	+72.80	+1.75%	+1.75%	4,165.18	4,184.16	4,237
	不動産業		2,147.91	+22.28	+1.05%	+1.05%	2,125.63	2,134.84	2,151
	保険業		2,304.54	+16.74	+0.73%	+0.73%	2,287.80	2,284.27	2,306
	医薬品		3,707.14	+25.03	+0.68%	+0.68%	3,682.11	3,688.11	3,707
	非鉄金属		1,472.24	+4.09	+0.28%	+0.28%	1,468.15	1,458.98	1,472
	鉄鋼		802.90	+1.87	+0.23%	+0.23%	801.03	801.84	803
	石油・石炭製品		1,789.49	+2.75	+0.15%	+0.15%	1,786.74	1,756.23	1,790
	陸運業		2,073.38	+1.80	+0.09%	+0.09%	2,071.58	2,080.80	2,086
	繊維製品		669.48	+0.51	+0.08%	+0.08%	668.97	670.81	670

業種別一覧【電気・ガス業】22件

コード	銘柄名	市場	T	現在値	前日比	前日比率	前日終値	始値	高値	安値	出来高
9501	東京電力HD	東P	▼	963.7	+14.7	+1.55%	949.0	960.0	971.9	945.7	21,173,...
9502	中部電力	東P	▼	2,022.5	+19.0	+0.95%	2,003.5	2,002.0	2,028.0	1,992.0	638,000
9503	関西電力	東P	▼	2,514.0	+123.0	+5.14%	2,391.0	2,420.0	2,558.0	2,415.0	3,615,4...
9504	中国電力	東P	▼	1,014.5	+14.5	+1.45%	1,000.0	999.7	1,027.0	996.9	2,275,2...
9505	北陸電力	東P	▲	1,013.0	+20.6	+2.08%	992.4	981.0	1,018.5	967.0	915,900
9506	東北電力	東P	▼	1,317.5	+8.5	+0.65%	1,309.0	1,310.0	1,334.0	1,293.5	1,587,1...
9507	四国電力	東P	▲	1,339.0	+18.0	+1.36%	1,321.0	1,328.0	1,347.0	1,321.5	256,700
9508	九州電力	東P	▼	1,636.5	+43.0	+2.70%	1,593.5	1,600.5	1,649.5	1,599.5	3,394,4...
9509	北海道電力	東P	▲	[illegible]	+76.5	+6.86%	1,115.5	1,125.5	1,209.0	1,115.0	7,656,1...
9511	沖縄電力	東P	▼	1,117.0	+2.0	+0.18%	1,115.0	1,115.0	1,129.0	1,110.0	144,000
9513	電源開発	東P	▲	2,710.0	+28.5	+1.06%	2,681.5	2,682.0	2,713.5	2,676.0	154,700
9514	エフオン	東S	▲	424.0	+1.0	+0.24%	423.0	427.0	427.0	423.0	4,800

キングでの「電気・ガス」に該当する銘柄は、上昇率4位の関西電力が該当しますので、関西電力にエントリーすることに決めます。

◆VWAPを勢いよく上に抜けたら、すかさずエントリー

関西電力にエントリーすることに決めたら、すぐに「5分足チャート」を使ってローソク足とVWAPの関係性をチェックします。

私は取引開始直後、9時3分前後の段階でローソク足がVWAPを勢いよく上に抜けているなら、迷わずエントリーを行います。

図は1分足のチャートです（通常「5分足」を使うのですが、ここではVWAPと株価の関係性が見えやすいように1分足のチャートで解説します）。

関西電力の1分足チャート

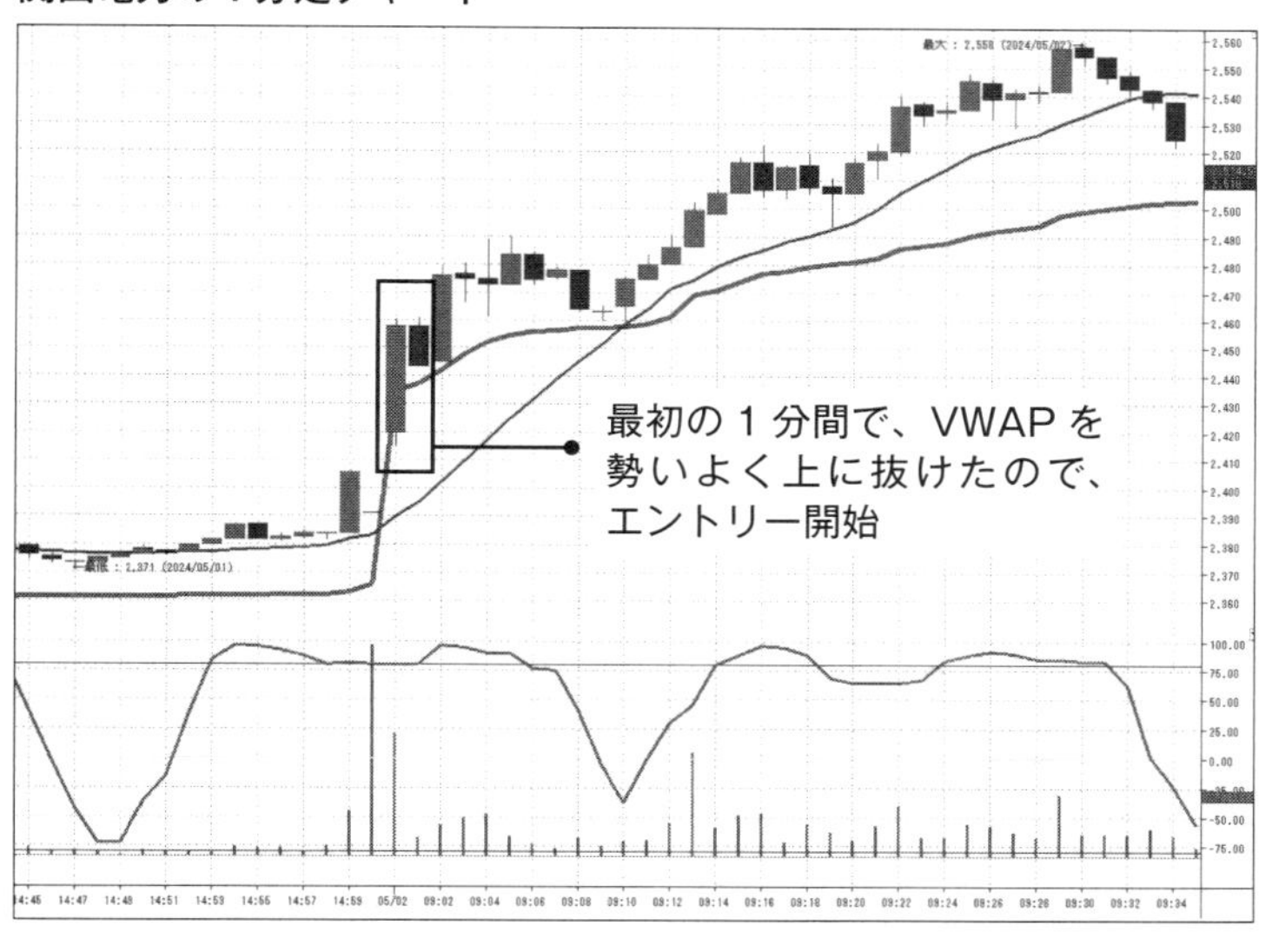

関西電力はすでに9時1分段階でVWAPを勢いよく上に抜けているので、この時点でエントリーの判断をすることになります。

結局、この時、株価は9時30分にかけて急上昇することになりました。

この9時1分段階では、移動平均線でローソク足よりかなり下方向にあるので、エントリーの判断はできません。しかしVWAPであれば、寄り付き段階から価格と売買高の加重平均が表示されるので、エントリー判断が容易にできるのです。

9時の取引開始直後、出来高を急増させながら、勢いよく上昇を見せる銘柄の場合、VWAPをエントリーの判断にするようにしてください。

03

RCIと移動平均線を使った「買いエントリー」手法

◆10時からはRCIと移動平均線を使おう

では次に、RCIと移動平均線を使ったエントリー手法をご紹介します。

先ほどのVWAPを使った事例は、午前9時の取引開始直後の株価の動きを捉えたエントリー手法でしたが、RCIと移動平均線を使ったエントリーは10時前後以降に威力を発揮します。10時前後以降は、当日の株価データがRCIと移動平均線に反映される時間帯になるため、分足チャートとの相関性が高まり、売買サインを判断しやすくなるからです。

紫垣流デイトレードでは、取引直後から10時くらいまではVWAP重視、10時前後からはRCIと移動平均線というふうに使い分けを行います。

では実際のRCIと移動平均線を使ったエントリー手法を解説しましょう。

◆9時30分以降に新たにランキングに入ってきた銘柄をチェック

毎日のように、9時直後の「株式上昇ランキング」に入っていなかった銘柄が、時間の経過と共にランキング上位に入ってくるようになります。

このような銘柄は、その日に売買が活況になることが多く、9時30分または10時くらいから上昇に勢いが出てくることもよくあります。私はそのような銘柄に狙いをつけて、RCIと移動平均線を使ってエントリーを行うようにしています。

図は、9時30分の段階での「株式上昇率ランキング」です。9時過ぎの段階でランキングに入っていなかったTOWA（証券コード6315）が9時30分を過ぎたあたりから第10位にランクインしてきました。出来高も93万6000株と十分であり、この銘柄でデイトレードを行うことにします。

◆上昇している銘柄の業種を「業種別指数一覧」でチェック

次に「業種別指数一覧」のランキング情報をチェックします。

株式上昇率ランキング

M [2203]株式上昇率/下落率

株式新高値/新安値 | 株式S高/S安 | 株式上昇率/下落率 | 株式株価/出来高分析

東P ▼ ◉上昇率 ○下落率 前日 ▼ ☑自動更新 更新 一括登録 前へ 次へ

順位	銘柄名		市場	信用売	現在値	前日比	騰落率	出来高	売気配	対象値段	買気配	上昇率
1	AOKI	8214	東P	半	1,216	▲ 109	9.84%	634,000	1,218	1,107	1,216	9.84%
2	マイクロニ	6871	東P	半無 —	7,330	▲ 620	9.23%	1,135,000	7,340	6,710	7,330	9.23%
3	日ライフL	7575	東P	半	1,264	▲ 104	8.96%	407,700	1,265	1,160	1,263	8.96%
4	JIA	7172	東P	半	1,497	▲ 107	7.69%	2,087,900	1,500	1,390	1,496	7.69%
5	北ガス	9534	東P	半	3,395	▲ 215	6.76%	63,600	3,405	3,180	3,395	6.76%
6	関西電	9503	東P	半無 —	2,542.5	▲ 151.5	6.33%	2,977,100	2,543	2,391	2,542	6.33%
7	SREHD	2980	東P	半	4,110	▲ 225	5.79%	65,000	4,110	3,885	4,105	5.79%
8	タカラトミ	7867	東P	半無 —	2,652.5	▲ 142.5	5.67%	609,300	2,653	2,510	2,651.5	5.67%
9	北海電	9509	東P	半無 —	1,178	▲ 62.5	5.60%	3,503,900	1,178	1,115.5	1,177	5.60%
10	TOWA	6315	東P	半無 —	9,880	▲ 350	3.67%	936,500	9,880	9,530	9,870	3.67%
11	山陽鋼	5481	東P	半無 —	2,264	▲ 80	3.66%	76,200	2,267	2,184	2,263	3.66%
12	明和産	8103	東P	半	713	▲ 24	3.48%	421,300	714	689	712	3.48%
13	TOA	6809	東P	半	1,208	▲ 40	3.42%	68,600	1,210	1,168	1,208	3.42%
14	三井松島 P	1518	東P	—	3,280	▲ 105	3.30%	97,000	3,285	3,175	3,280	3.30%
15	リズム P	7769	東P	—	3,240	▲ 100	3.18%	12,000	3,245	3,140	3,225	3.18%
16	スミダ	6817	東P	半無 —	1,149	▲ 35	3.14%	358,400	1,150	1,114	1,149	3.14%
17	青山商	8219	東P	半無 —	1,637	▲ 49	3.08%	115,400	1,638	1,588	1,636	3.08%
18	愛知鋼	5482	東P	半	3,500	▲ 100	2.94%	26,600	3,495	3,400	3,490	2.94%
19	九州電	9508	東P	半無 —	1,638	▲ 44.5	2.79%	2,781,500	1,638	1,593.5	1,637.5	2.79%
20	松風	7979	東P	半	3,150	▲ 85	2.77%	197,900	3,155	3,065	3,145	2.77%
21	日精線	5659	東P	半	1,269	▲ 34	2.75%	25,000	1,269	1,235	1,265	2.75%
22	エムアップ	3661	東P	半	1,058	▲ 28	2.71%	102,300	1,059	1,030	1,057	2.71%
23	アイネット	9600	東P	半	2,053	▲ 53	2.65%	21,000	2,055	2,000	2,046	2.65%
24	トラコスモ	9715	東P	半無 —	3,285	▲ 85	2.65%	42,700	3,290	3,200	3,280	2.65%
25	トーエネク	1946	東P	半	5,260	▲ 130	2.53%	13,000	5,280	5,130	5,240	2.53%
26	柿安本店	2294	東P	半	2,720	▲ 67	2.52%	30,600	2,721	2,653	2,718	2.52%
27	日コン	5269	東P	半	416	▲ 10	2.46%	151,200	416	406	415	2.46%
28	牧野フ	6135	東P	半無 —	6,370	▲ 150	2.41%	70,500	6,380	6,220	6,370	2.41%
29	中国電	9504	東P	半無 —	1,023.5	▲ 23.5	2.35%	1,874,300	1,023.5	1,000	1,023	2.35%
30	FPG	7148	東P	半無 —	2,195	▲ 50	2.33%	178,300	2,195	2,145	2,193	2.33%
31	Jフロント	3086	東P	半無 —	1,403.5	▲ 31.5	2.29%	641,200	1,404	1,372	1,403.5	2.29%
32	あおぞら銀 P	8304	東P	—	2,520.5	▲ 56	2.27%	932,900	2,521	2,464.5	2,520	2.27%
33	ITM P	2148	東P	—	1,832	▲ 40	2.23%	177,700	1,835	1,792	1,832	2.23%
34	達人	2930	東P	半	183	▲ 4	2.23%	280,100	183	179	182	2.23%
35	ヤマエG	7130	東P	半	2,617	▲ 57	2.22%	27,200	2,616	2,560	2,613	2.22%

上昇している銘柄の業種をチェックして、業種全体が上昇している銘柄を選ぶようにしてください。業種全体が上がっているということは、機関投資家や大口投資家の資金が入ってきていることを意味するので、個人投資家はこのような銘柄にエントリーすることで勝つ確率が飛躍的に高まることでしょう。

ＴＯＷＡの業種は「機械」になりますが、この日「機械」はプラスなのでＯＫということになります。

業種別指数一覧

電気・ガス業	▼	595.44	+10.01	+1.71%	585.43	589.26	598.05	587.39	15:00		+1.71%
不動産業	▲	2,145.36	+19.73	+0.93%	2,125.63	2,134.84	2,159.64	2,129.73	15:00		+0.93%
保険業	▲	2,307.60	+19.80	+0.87%	2,287.80	2,284.27	2,310.03	2,283.25	15:00		+0.87%
卸売業	▼	4,200.73	+35.55	+0.85%	4,165.18	4,184.16	4,273.36	4,180.50	15:00		+0.85%
医薬品	▲	3,709.86	+27.75	+0.75%	3,682.11	3,688.11	3,714.62	3,679.15	15:00		+0.75%
水産・農林業	▲	599.83	+3.81	+0.64%	596.02	595.66	599.83	593.96	15:00		+0.64%
建設業	▲	1,760.29	+10.20	+0.58%	1,750.09	1,751.05	1,762.87	1,741.65	15:00		+0.58%
金属製品	▼	1,466.02	+8.26	+0.57%	1,457.76	1,455.24	1,466.32	1,451.69	15:00		+0.57%
その他金融業	▼	1,031.79	+4.28	+0.42%	1,027.51	1,024.03	1,033.19	1,022.27	15:00		+0.42%
食料品	▲	2,310.53	+5.23	+0.23%	2,305.30	2,300.19	2,311.77	2,295.84	15:00		+0.23%
鉄鋼	▼	802.84	+1.81	+0.23%	801.03	801.84	804.35	798.49	15:00		+0.23%
証券、商品先物取…	▲	598.78	+1.32	+0.22%	597.46	595.35	598.91	591.65	15:00		+0.22%
非鉄金属	▲	1,471.21	+3.06	+0.21%	1,468.15	1,458.98	1,476.55	1,454.54	15:00		+0.21%
機械		3,239.55			3,235.49	3,214.60	3,245.61	3,205.04	15:00		+0.13%
情報・通信業	▲	5,470.56	-0.94	-0.02%	5,471.50	5,464.48	5,474.14	5,446.91	15:00	-0.02%	
精密機器	▲	11,650.32	-3.80	-0.03%	11,654.12	11,552.88	11,652.12	11,533.94	15:00	-0.03%	

◆13 移動平均線を上に抜けたら「買いエントリー」

銘柄が決まれば、すぐにエントリーするのではなく、まずは松井証券ネットストックハイスピードの「5分足チャート」で監視を行ってください。

まず、はじめに着目するのが下段にあるRCIです。「買いエントリー」する場合は、できるだけ株価が安くなった時にエントリーした方が成功確率は高まります。したがって上下に振れるRCIが、下限に来るまでタイミングを待ちます。

そしてRCIが下限に来たら、次に着目するのが移動平均線です。RCIが下限に来た後に、株価が移動平均線を上に抜けたら、「買いエントリー」を行います。

ここでエントリーを迷ってはいけません。エントリーが遅れれば、それだけ高い位置で買うことになり、リスクが高くなるからです。

もし、買おうと思った瞬間に株価が急激に上がり、エントリーが

TOWAの5分足チャート

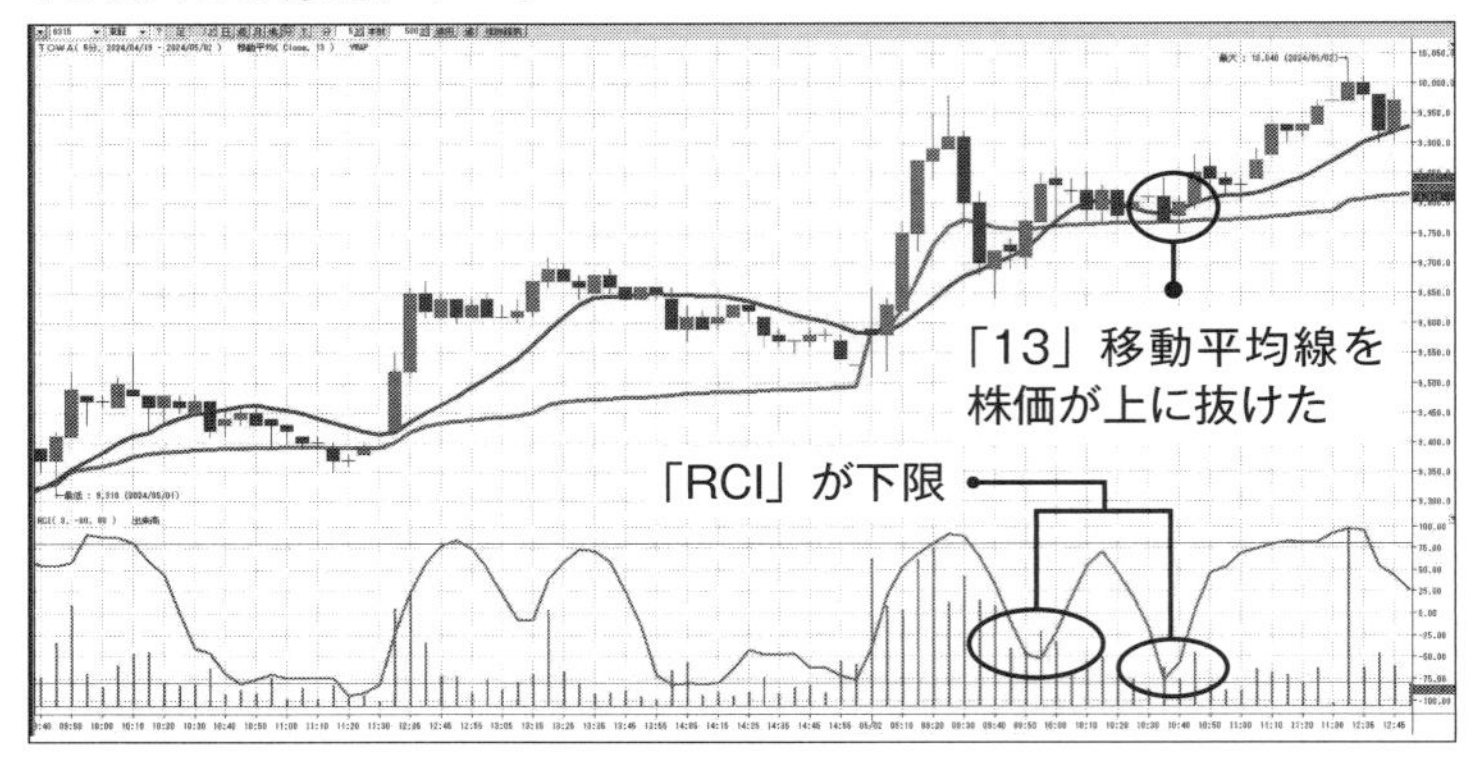

遅れてしまった場合は、高値で買わずに、しばらく次のタイミングが来るのを待つか、別の銘柄のエントリーチャンスをうかがうようにしましょう。

04 「空売り」の基本を押さえよう

◆日経平均株価が大きく下がるような局面で有効

ここからは紫垣流デイトレードにおける「空売り」のトレード手法についてお話していきたいと思います。

デイトレードでは「買い」同様、「空売り」も有効な手段です。

特に、バブル後最高値を更新した最近の日経平均株価は、これまで以上に相場の振幅が大きく、1日に500円以上上下げることが頻繁に起きています。このような地合いでは、「買い」よりも「空売り」の方が利益を上げやすくなります。

したがって、あくまでデイトレードに限って言えば（中長期の空売りはNG）、日経平均株価が大きく下がるような局面では積極的に「空売り」を行い、確実に利益を上げていただきたいと思います。

「空売り」の例

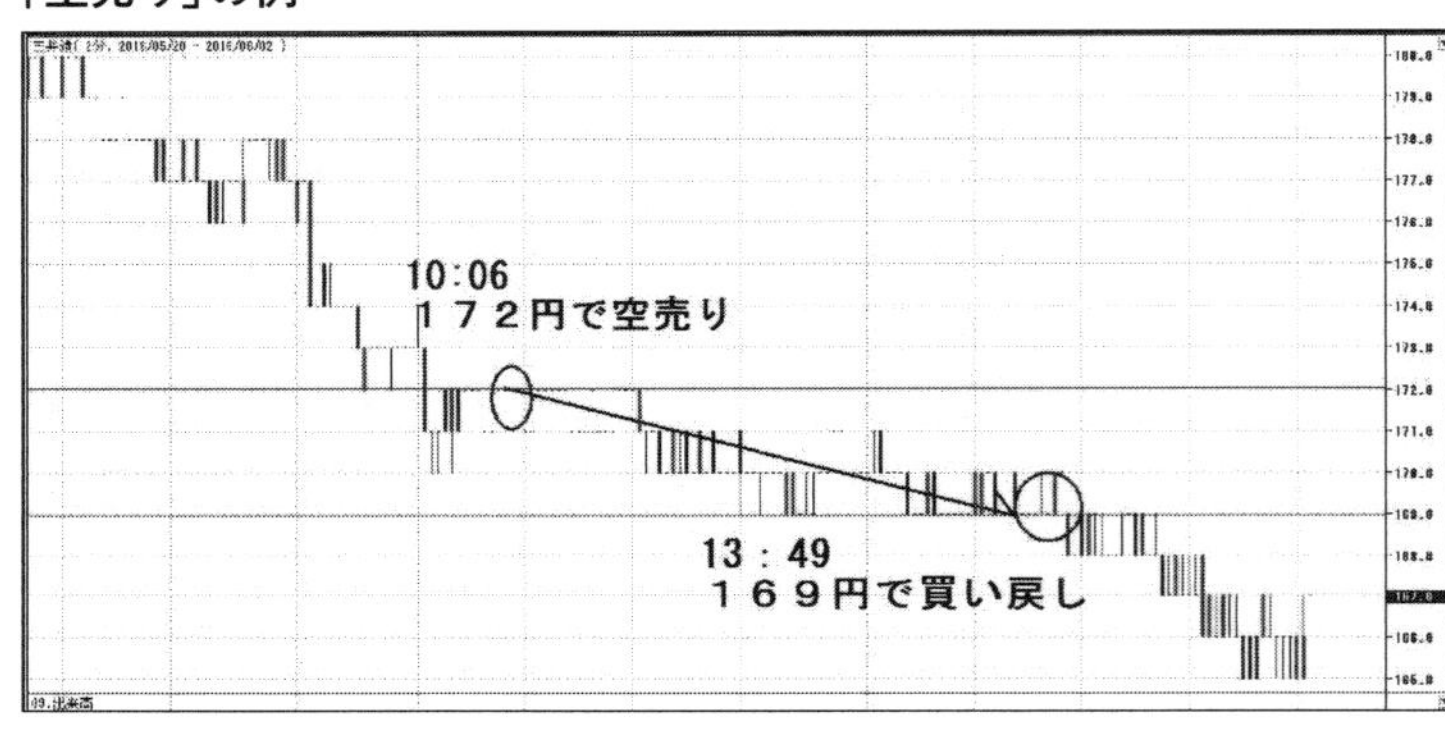

◆「空売り」なら株価が下がれば利益となる

もしかすると「空売り」について、あまりご存じない方もいるかもしれませんので、まずは「空売り」の解説から始めたいと思います。

「空売り」とは、株価が高い位置で先に「売り注文」を発注し、株価が安くなったところで買い戻して差益を得るという手法です。つまり、株価が下がれば利益となります。

例えば、株価が１０００円の時に「空売り」をして、９００円の時に買い戻せば、１００円の差額になりますので、１００株で取引していれば１万円の利益になるということです。

（１０００円－９００円）×１００株＝１万円

図は以前行った「空売り」の事例です。10時6分に172円で1万株を「空売り」し、13時49分に169円で買い戻しました。このケースでは、おおむね3時間半の取引で、（172円－169円）×1万株＝約3万円の利益になりました。

なお、「空売り」をする場合、「信用取引口座」が必要です。「空売り」を大きな武器にするためにも「信用取引口座」を開設すると良いでしょう。

05 「空売り銘柄」を探す方法

◆「株式下落率ランキング」から銘柄を探す

では「空売り銘柄」を探す方法についてお伝えしましょう。

まず市場ですが、「買い」の場合と同様に、東証プライム市場を選びます。東証プライム市場を選ぶ理由は、そのほとんどが「貸借銘柄」だからです。貸借銘柄とは「信用買い、信用売り（空売り）ができる銘柄」を指します。信用規制が入って「空売り」ができないケースもありますが、基本的に貸借銘柄であれば「空売り」はできます。

一方、東証スタンダード市場や東証グロース市場に上場している銘柄のほとんどは、貸借銘柄ではありませんので、原則「空売り」はできません。証券会社で独自に行っているサービスで1日に限定し「空売り」ができることもありますが、「空売り料」が別途取られます。

私は「空売り」する場合、ほとんどが東証プライムから銘柄を選びますが、それでも十分な利益が得られています。これから「空売り」を始める方は東証プライム市場から選ぶのが

株式下落率ランキング

M [2203]株式上昇率/下落率

株式新高値/新安値 | 株式S高/S安 | 株式上昇率/下落率 | 株式株価/出来高分析

東P ▼ ○上昇率 ◉下落率 前日 ▼ ☑自動更新 更新 一括登録 前へ 次へ

順位	銘柄名		市場	信用売	現在値	前日比	騰落率	出来高	売気配	対象値段	買気配	下落率
1	キバ技研	6036	東P	半無 ー	3,925	▼ 695	-15.04%	1,057,200	3,930	4,620	3,925	-15.04%
2	イビデン	4062	東P	半無 ー	5,392	▼ 756	-12.29%	11,399,700	5,409	6,148	5,391	-12.29%
3	アドウェイ	2489	東P	半	406	▼ 36	-8.14%	373,800	407	442	405	-8.14%
4	住友ファマ	4506	東P	半無 ー	373	▼ 27	-6.75%	6,510,400	374	400	372	-6.75%
5	エンプラス	6961	東P	半	7,770	▼ 530	-6.38%	310,400	7,800	8,300	7,760	-6.38%
6	マネックス	8698	東P	半無 ー	763	▼ 45	-5.56%	5,244,800	765	808	763	-5.56%
7	日本トリム	6788	東P	半	3,380	▼ 185	-5.18%	42,800	3,410	3,565	3,370	-5.18%
8	JDI	6740	東P	半	20	▼ 1	-4.76%	19,965,800	21	21	20	-4.76%
9	SMS	2175	東P	半無 ー	2,037.5	▼ 100	-4.67%	926,600	2,042	2,137.5	2,030	-4.67%
10	東京きらぼ	7173	東P	半無 ー	4,500	▼ 220	-4.66%	419,200	4,500	4,720	4,490	-4.66%
11	アイザワ証	8708	東P	半	1,671	▼ 79	-4.51%	585,900	1,672	1,750	1,664	-4.51%
12	PD	4587	東P	半無 ー	1,995	▼ 86	-4.13%	1,792,700	1,995	2,081	1,987.5	-4.13%
13	サイバー	4751	東P	半無 ー	942.2	▼ 40.2	-4.09%	11,801,300	944.3	982.4	942.2	-4.09%
14	M&A総研 P	9552	東P	ー	4,605	▼ 195	-4.06%	1,337,900	4,610	4,800	4,595	-4.06%
15	ぐるなび	2440	東P	半	310	▼ 13	-4.02%	454,400	311	323	309	-4.02%
16	Ine P	4933	東P	ー	1,742	▼ 73	-4.02%	99,300	1,747	1,815	1,738	-4.02%
17	MARUW	5344	東P	半無 ー	31,000	▼ 1,300	-4.02%	76,000	31,150	32,300	30,950	-4.02%
18	AZCOM	9090	東P	半	1,155	▼ 47	-3.91%	368,100	1,158	1,202	1,154	-3.91%
19	ビプロジー	8056	東P	半無 ー	3,746	▼ 152	-3.89%	3,106,100	3,747	3,898	3,741	-3.89%
20	三井E&S	7003	東P	半無 ー	1,638	▼ 64	-3.76%	29,188,900	1,641	1,702	1,638	-3.76%
21	SHOEI	7839	東P	半無 ー	1,968	▼ 76	-3.71%	530,000	1,969	2,044	1,960	-3.71%
22	イチネンH	9619	東P	半無 ー	1,720	▼ 66	-3.69%	138,900	1,727	1,786	1,720	-3.69%
23	デンヨー	6517	東P	半無 ー	2,483	▼ 95	-3.68%	112,500	2,499	2,578	2,482	-3.68%
24	SGHD	9143	東P	半無 ー	1,626	▼ 59.5	-3.53%	2,422,100	1,629.5	1,685.5	1,625.5	-3.53%

無難でしょう。

◆業種別の下落状況はチェックしないでOK

図は、直近の松井証券「ネットストックハイスピード」で提供されている「株式下落率ランキング」の内容です。リアルタイムで自動更新されるので、今、どんな銘柄が大きく下落しているかが、一目でわかります。

「空売り」の場合は、個々の材料で下げているケースが多いため、「業種別指数一覧」で業種別の下落状況のチェックをする必要はありません。

06

「空売り」のエントリーは9時30分以降に行おう

◆寄り付き直後は急反発の危険がある

では次に、「空売り」のエントリー方法についてお話しましょう。

「空売り」のエントリーは、寄り付き直後の時間帯は避けるのが無難です。なぜなら、株価が急激に下げた後には「反転」する可能性があるからです。

図は、2024年5月2日のソフトバンク（証券コード9984）の5分足チャートです。前日の終値よりも、かなり下落して始まりました。しかし寄り付き直後、株価は急反発し、結局は上昇して取引を終えました。

このように、寄り付きに大きく下がって始まった銘柄は、その後に急反発するケースがよくあります。したがって寄り付き直後、あまりに安いところでの「空売り」は、思わぬ損失を被るかもしれません。注意すべきでしょう。

ソフトバンクの５分足チャート

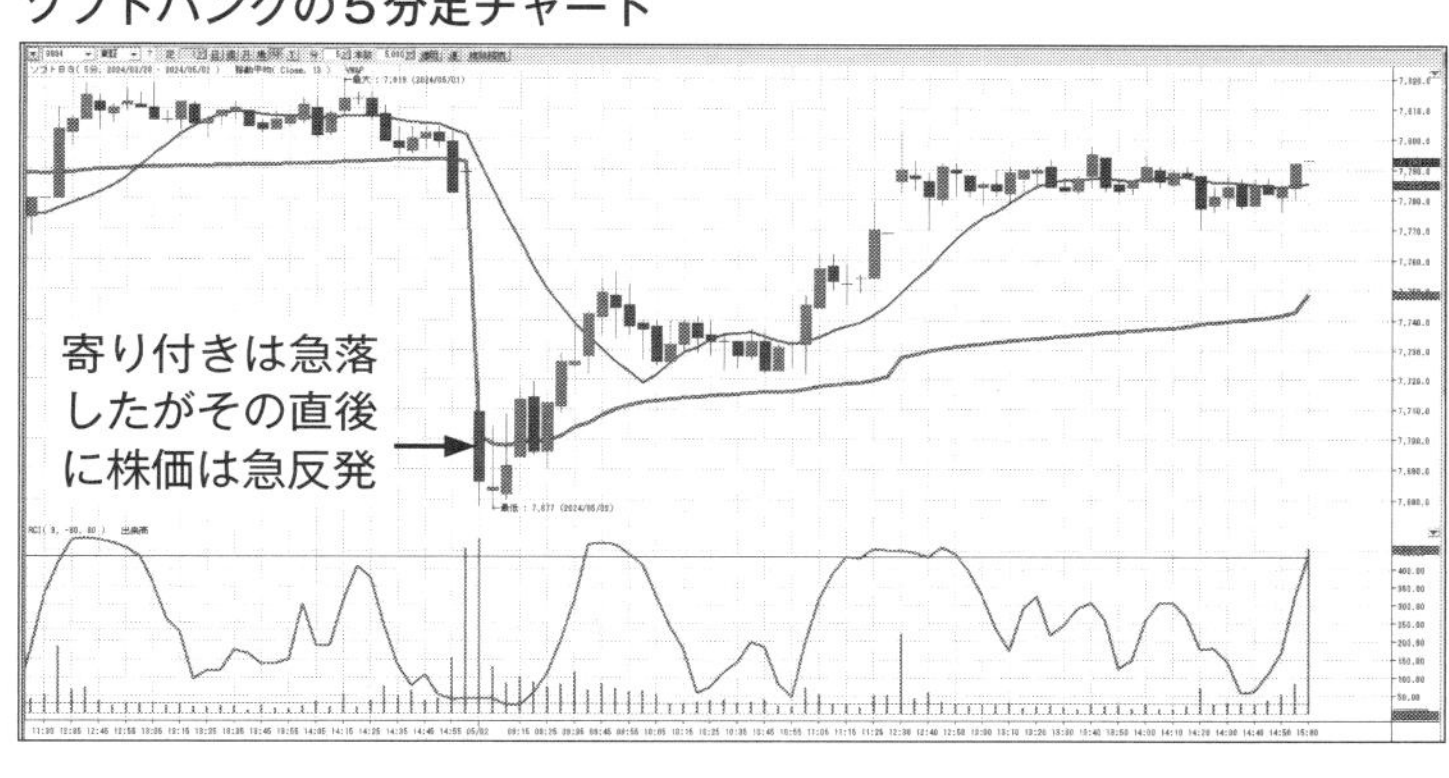

◆９時30分以降に「株式下落率ランキング」に入ってくる銘柄をチェック

では、どうするのか？

私は取引開始後の「株式下落率ランキング」で下落率上位1位～10位くらいの銘柄を取引対象から外すようにしています。理由は「寄り付き直後の急反発を避けられる」からです。

そして「空売り」銘柄を探す場合、９時30分以降の時間帯で探すようにしています。この時間帯になると、株価が急反発した銘柄はランキング上位から姿を消し、代わりに株価が下げている銘柄がランキング上位に入ってくるからです。

つまり9時30分以降に下落率ランキング上位に入ってきた銘柄は下落トレンドに入った可能性が高く「空売り」で成功する可能性が高いと言えるのです。なぜ、そのような動きになるかと言うと、多くの投資家は最初の30分間は株価の動きを確認してから発注することが多く、この時間帯から株価のトレンドが形成されやすいからです。

したがって私は、9時30分以降の時点で「株式下落率ランキング」をチェックし、上位ランキング銘柄で「空売り」を狙うようにしています。

移動平均線とVWAPを使った「空売り」エントリー

◆「空売り」エントリーに向く2つのチャートパターン

次に「空売り」のエントリーについてお話します。

「空売り」のエントリー判断は、移動平均線とVWAPを使って判断します。以下が空売りのエントリー条件です。

・エントリーは、午前9時30分以降に行う
・移動平均線の下にローソク足があること
・ローソク足がVWAPを下に抜けた時にエントリー実行

図は、空売りのエントリー条件に合致した「5分足チャート」です。

パターン①のチャートでは、前日の引け値以下で寄り付いた後、じゃっかん株価は戻しま

すが移動平均線を上に抜けることなく、ローソク足はＶＷＡＰを下に抜けています。

パターン②のチャートでは、株価は上昇するかに見えたものの、10時20分に移動平均線とＶＷＡＰを下に抜けて、そのまま下落しています。

これら2つのパターンでは、この銘柄を保有している短期のトレーダーが株価の上昇をあきらめ、投げ売りに転じたことで下げに拍車がかかっているのが見受けられます。デイトレードにおける「空売り」は、このような、その銘柄を保有している短期トレーダーの「投げ売り」をエネルギーにして、利益を得る手法です。

この2つのチャートパターンは、頻繁に現れるパターンになりますので、しっかり覚えておきましょう。

条件に合致した5分足チャートのパターン①

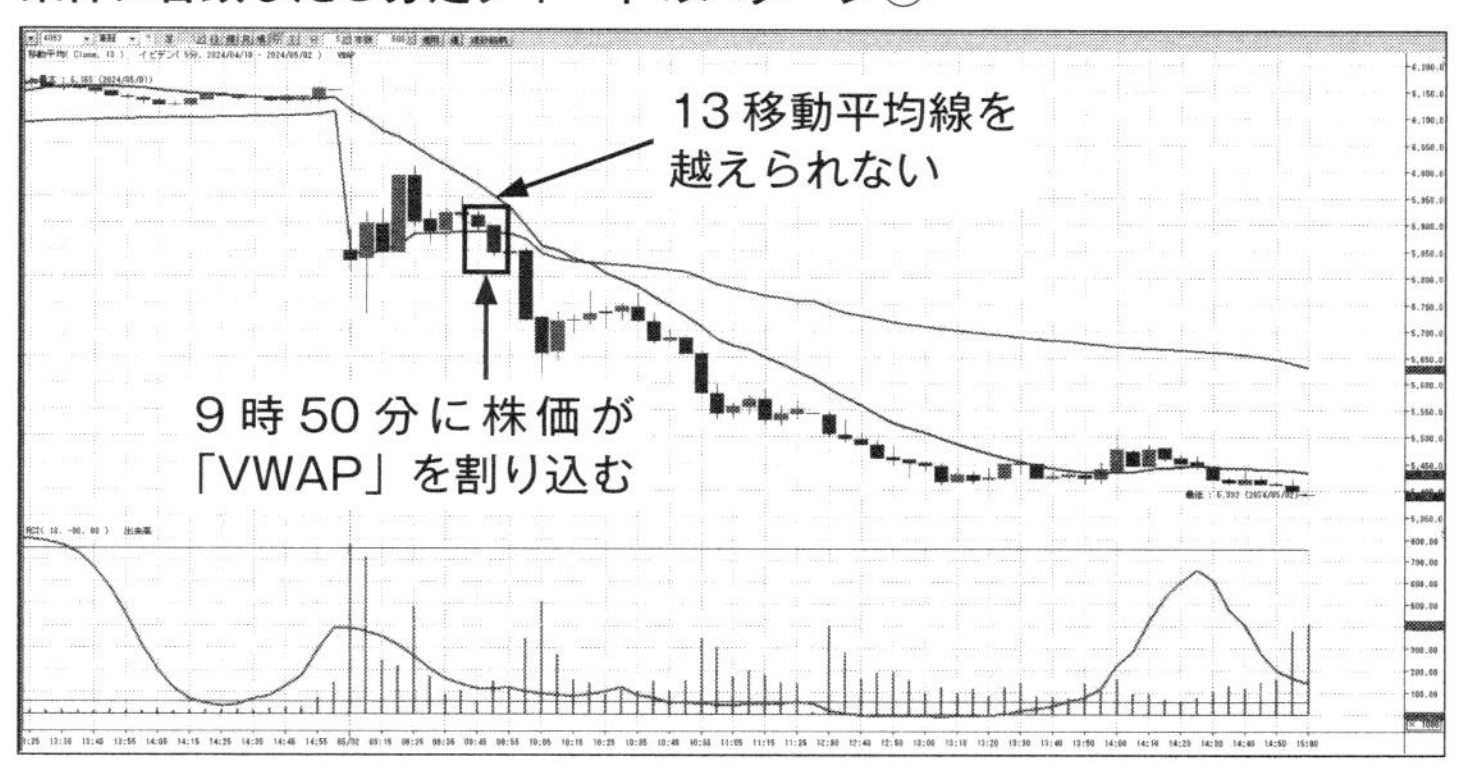

条件に合致した5分足チャートのパターン②

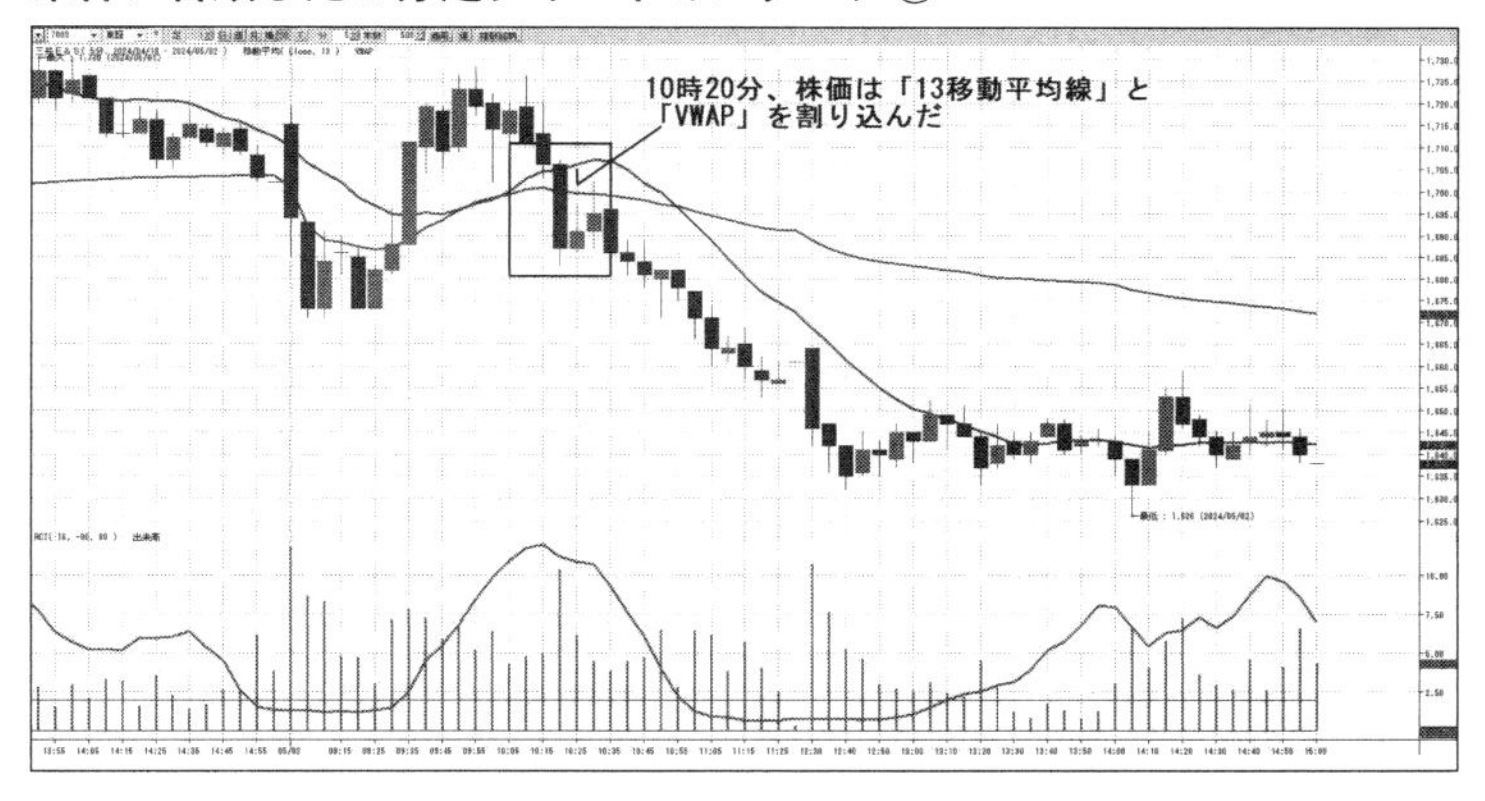

◆エントリーの1時間前後で利益確定しよう

短期のトレーダーが株価の上昇をあきらめ、投げ売りに転じたことで下落した銘柄は、すぐに株価が上昇に転じることは、それほど多くはありません。「買い手」は株価が下げ止まるのを確認するため、しばらく様子を見るのが普通です。

したがって9時30分以降に下落に転じた銘柄は、よほど強い買い材料でもない限り、10時30分~11時くらいまで下がることになると思います。「空売り」を行っている私たちは、落ち着いて利益確定を行えるでしょう。

ただし、エントリーして1時間を超えてくると、下がったところを買いたいと考えている投資家の買いも入ってくると思いますので、あまり含み益を長く持ちすぎず、確実に利益確定を行うようにしましょう。

「利益確定」は目標を立てて素早く実行しよう

◆株式投資でもっとも難しいのは「売りの技術」

日本の相場格言に「利食い千人力（りぐいせんにんりき）」というものがあります。「欲張らず、利が乗っているうち早めに利益を確定すべき」という格言ですが、この格言はデイトレードを成功させる重要なキーワードです。

ここまでエントリー手法について解説してきましたが、株式投資でもっとも難しいのは「買い（エントリー）」ではなく「売りの技術」だと言われています。私も36年間、相場の世界に身を置いていますが、その通りだと思います。

デイトレードは「欲との戦い」です。私自身、欲張りすぎたあげく、せっかくの含み益が、あっという間に含み損になってしまい、泣く泣く損切りしたということを嫌というほど経験しています。

なので、どうかこの言葉だけは忘れないでください。

「利食い千人力」

「含み益」が損失に変わらないうちに、迷うことなく「利益確定」してください。デイトレードではこの「小さな利益」を積み重ねることに集中するのです。この「小さな利益の積み重ね」が、やがて大きな資産になるのです。

◆利益目標は「1日1万円、1カ月20万円」

私からの提案ですが、まずは1日1万円の利益を目指すことを目標にしてみてはいかがでしょうか？　1日1万円を稼ぐことができれば、今の給料に毎月20万円が加算されるので、かなりゆとりのある生活が実現できると思います。

では、どのようなプロセスで、「1日1万円、月間20万円」の利益を目指せば良いのでしょうか？　以下は、実際に私が行ったデイトレードにおける「利益確定の戦略」です。

・元金……100万円（信用取引枠で最大300万円）
・1回の約定代金……おおむね150万円（レバレッジ1・5倍）

・1回の取引での目標利益額……3000円～5000円
・約定代金150万に対する利益率……0・2%～0・3%
・1日の売買回数……3回～5回

「1日1万円なんて、難しいのではないか?」と思われた方もいるかもしれません。

しかし、この数字を見ていただければおわかりのように、約定代金150万円の場合、0・2%～0・3%だけの値上がりがあれば良いのです。金額にすると、たったの3000円～5000円だけなのです。それを1日に3回～5回程度、繰り返すだけ。

これならできると思いませんか?

紫垣流デイトレードの手法を使えば、面白いようにうまくいくと思いますので、ぜひ「1日1万円、月間20万円」の利益を目標にしてみてください。

キーワードは「利益確定は素早く実行する」です。

09 「損切り」をためらわない

◆デイトレードでは損失を最小限に抑え込むことが必須

「株のデイトレード」でもっとも重要なスキルの1つが「損失を最小限に抑え込む」ことです。

デイトレードは1日の中で売買を完結させるので、1回1回のトレードで大儲けできる取引手法ではありません。したがってエントリーしたものの想定した動きにならず「含み損」になった場合、あるいは万一「含み益から含み損」になった場合、損失を最小限に抑え込むため、いち早く「損切り（ロスカット）」する必要があります。

トレードの利益は「総利益－総損失」で求められます。デイトレードが1回1回のトレードで大儲けできる取引手法ではない以上、損失を最小限に抑え込まなければ利益を残すことができません。デイトレードは「損切り」が必須なのです。

◆「損切り」は、資金を守る〝命綱〟

「損切り」とは、株価が値下がりすることで含み損が拡大することを避けるために、損失を確定する行為のことを言います。

「損切り」をする最大の理由は「資金を守る〝命綱〟」ということに他なりません。

なぜ多くの投資家は、株で損をして退場していくのでしょうか？

相場が大きく下落しているにもかかわらず「損切りをしなかった」からです。「持っていれば上がる」といった自分に都合の良い解釈で含み損を拡大させ、最終的には損失を確定せざるを得なくなって、必要以上に資金を失ったからです。

特にデイトレードは、利益幅が限定されますので、損失が拡大する前に「損切り」を行う必要があるのです。

「損切り」をするのに〝理由〟などいりません。ただ損失を最小限に抑えるため、グダグダ言わず実行するだけです。

デイトレードで損切りをするのに、いちいち考える必要はありません。考えている間に含み損が拡大していきます。

集中してほしいのは、とにかく「損失を最小限に抑えること」です。

◆デイトレードで成功する人と、失敗する人との違い

成功しているデイトレーダーは、どんな売買をしているのでしょうか?

それは、自分自身のトレードルールに則って、「資金管理」がしっかりできる人です。

私は「利益の源泉の80%は、資金管理によって生まれる」と考えています。つまりトレードが少々下手でも、しっかり利益確定や損切りを行うことで、利益が残せると考えています。

例えば、ある一定期間の「総利益」が、300万円だったと仮定します。

資金管理がしっかりできているトレーダーは、損失額を最小限に抑え込むことで200万円の利益を残すことに成功しました。一方、損切りがうまくできなかったトレーダーは、利益以上の損失を計上し、200万円もの損失になりました。

このように、一定期間同じ300万円の利益を上げたとしても、損切りをコントロールできているかどうかで、まったく収支が変わってくるのです。

ぜひ、このことを忘れないようにしてください。

損切りができているトレーダーの収支

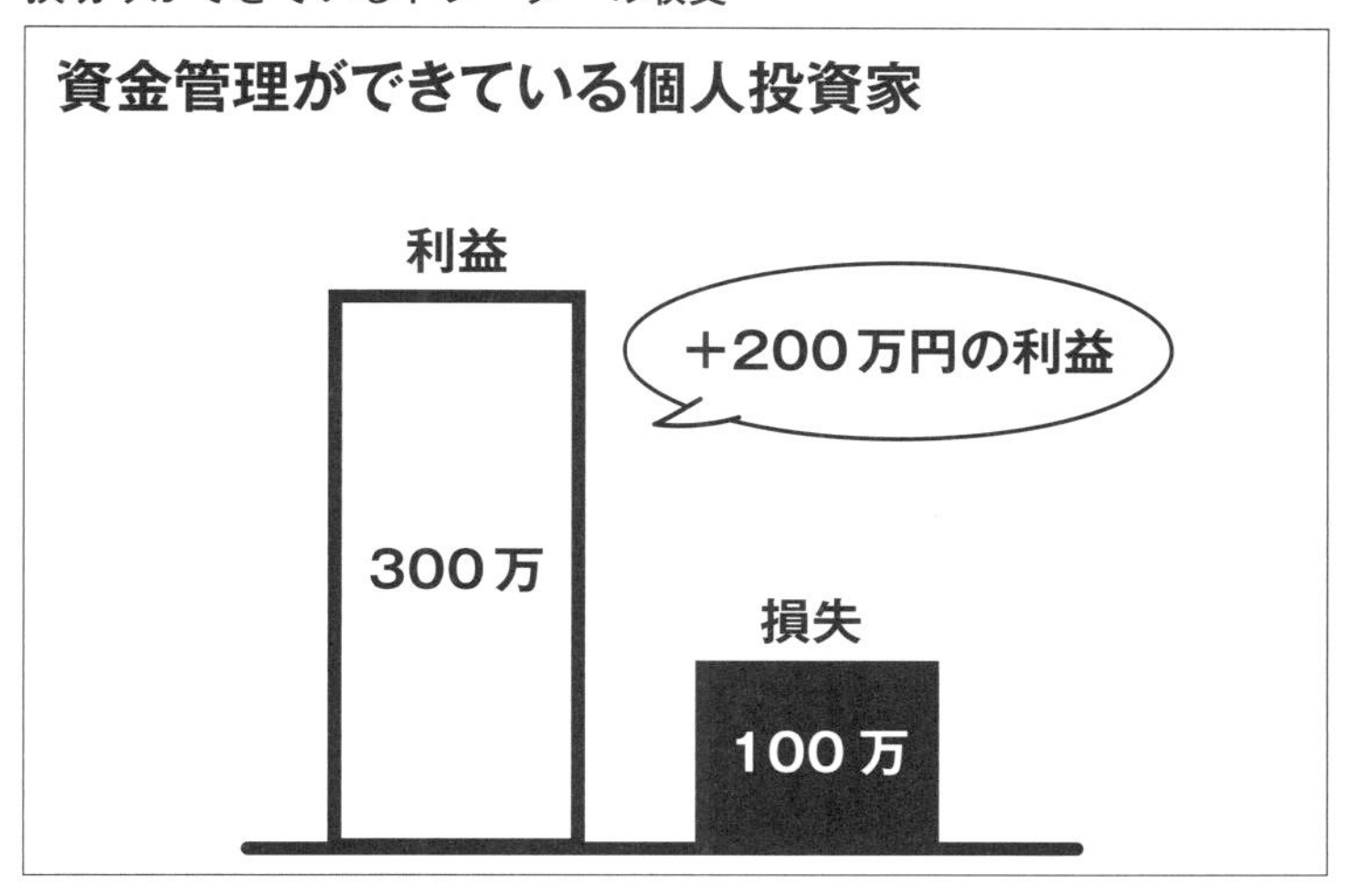

損切りができないトレーダーの収支

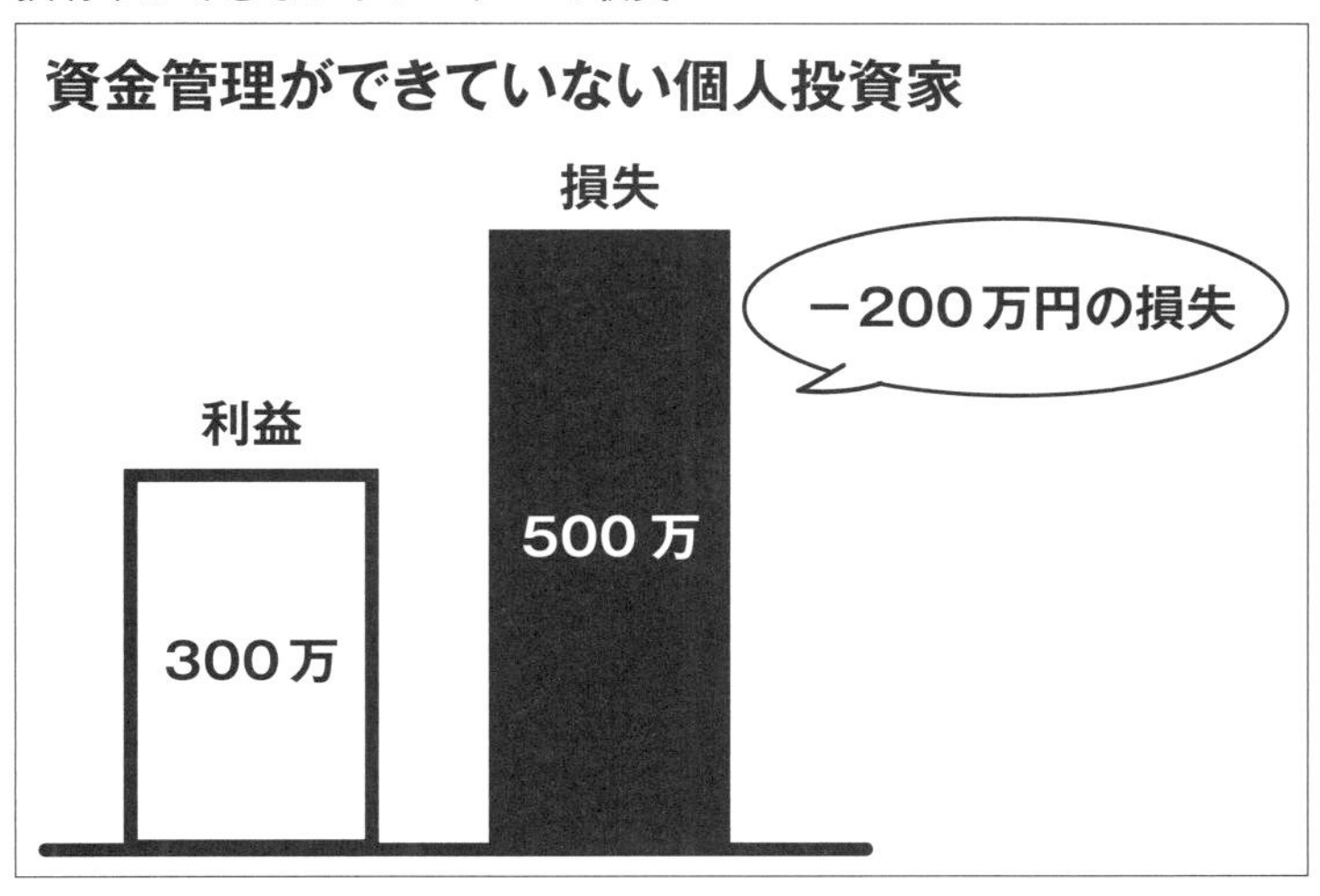

◆自分の思った動きと違うなら、即損切りを実行する

紫垣流デイトレードのノウハウ通りに行ったとしても、100％トレードが成功することはありません。たとえ確信を持ってエントリーを行っても、見込み違いで自分が思った方向とは株価が逆に向かうこともしばしばです。

図のケースでは、株価上昇をイメージしていたものの、実際にはイメージとは反対に株価が下がっています。このような場合、「損失を最小限に抑える」ために、すぐに損切りをしなくてはなりません。

こんな時に頭によぎるのは「少し待てば上がるかもしれない」という思いです。しかし実際には、待てば待つほど損失額がどんどん大きくなり、結局は、かえって大きな損失を被ることがほとんどなのです。

もしかすると損切りした直後に株価が上がってしまうこともあるでしょう。でも、それで良いのです。損切りは「損失をコントロールできている」という証であり、損失額が小さければ、何の問題もありません。デイトレードでは正解なのです。

むしろ、損切りすることを嫌い、遅らせたことで、たまたま利益になったことが〝クセ〟

になってしまうと、最悪のケースにいたりますので注意が必要です。
私たちの目的は「損失を最小限に抑えながら小さな利益を積み重ね、大きな資産を作ること」なんです。とにかく、そのことだけに「集中」してみてください。それこそが「デイトレード」を成功に導く、一番の近道なのですから……。

損切りすべきパターン

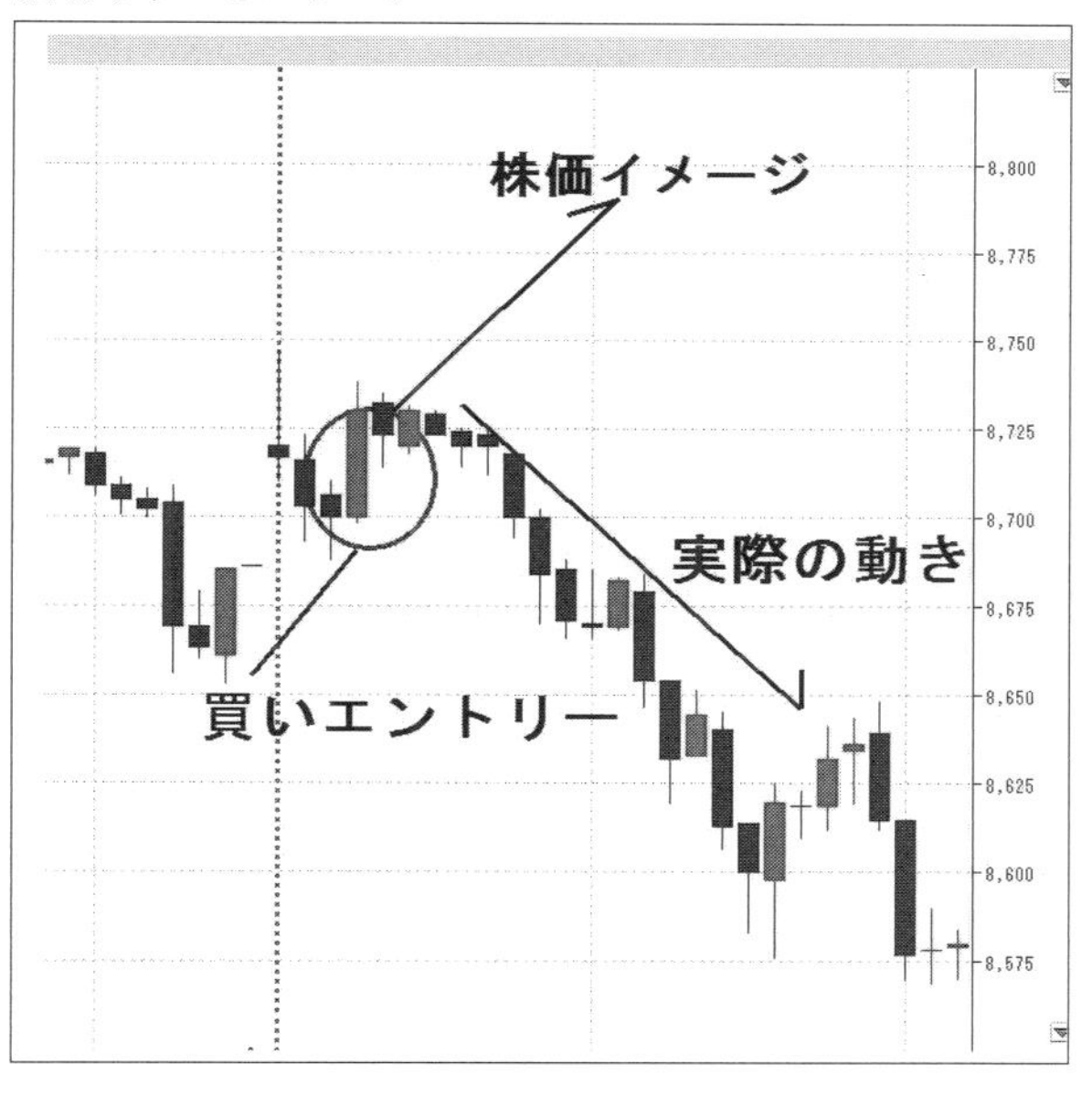

第6章

デイトレードで勝ち続けるためのマインドセット

01 含み損は絶対に持ち越さない

◆デイトレードはマインドセットが収益に直結する

これまで株のデイトレードに関する魅力やメリット、準備の仕方や、デイトレードの技術に関して、余すことなくお伝えしてきました。

ただ「技術」だけでは、デイトレードで勝ち続けることは難しいでしょう。なぜならデイトレーダーはマインドセット（心構え）が収益に直結するからです。

そこでこの章では、デイトレードで勝ち続けるためのマインドセットについて触れていきたいと思います。私の36年以上のトレード経験から、とても重要だと思うことを集めました。

これからお話することをヒントにして、あなたのデイトレードを成功させてください。

◆小さな損失を恐れれば「含み損」を拡大させる

まずは、「含み損は絶対に持ち越さない」ということ。

これまで何度もお伝えしてきましたが「デイトレード」は、その日にすべてポジションを決済し、すべて現金化する手法です。しかしデイトレード初心者は、デイトレード目的でポジションを持ったはずなのに損失を確定させることを嫌って、翌日に含み損のポジションを持ち越してしまうことがあります。

気持ちは理解できなくもないですが、ほとんどのケースでは「含み損」が拡大してしまい、最悪の場合「塩漬け株」になってしまうことも実際にはあるのです。デイトレードで入ったはずなのに「塩漬け株」になるというのはおかしな話です。

なぜ、このようなことが起きてしまうのでしょうか？　やはり「損をしたくない」という心理が働くため、このような状況になるのでしょう。

私や、プロのトレーダーは長年の経験から、デイトレードで含み損を持ち越すことが、どれだけ危険なことか十分に知っています（中長期投資は別）。これをやっているうちは、デイトレードで利益を出すことはできないでしょう。

デイトレードでは絶対に含み損は翌日に持ち越すことなく、小さな損失で終えるようにしましょう。

02 正しい〝負け方〟こそ正解

◆初心者が損をしないなんてありえない

あなたはトレードで損をした時、どんな心理状態になりますか？

必要以上に落ち込んではいませんか？

これまでたくさんの初心者の個人投資家さんと接してきましたが、少しの損でも、非常に悲観的になる方が多いように感じます。

しかし、世界の著名投資家でも損をすることはありますし、ドジャースの大谷選手でさえヒットを打てない日があるのです。ましてや、デイトレード初心者が損をしないなんてことは絶対にありえないのです。

◆「正しい負け」なら問題ない

私はデイトレードで負けることは、何も気になりません。なぜなら「少しの損失なら、プラスになる」ということを、たくさんの経験で知っているからです。

つまり「正しい負け方」なら、何も落ち込むことはないのです。

「正しい負け方」とは、自分で決めた損失額の範囲内で、取引を終わらせることです。これまでたくさんのトレーダーを見てきましたが、これがちゃんとできているデイトレーダーは成功する可能性が高いでしょう。

繰り返しになりますが、デイトレードで「正しい負け」は何の問題もありません。反対に「間違った負け」は大いに反省し、改善策を考えるべきです。

常に「正しい負け方」を意識するようにしてください。

気持ちを整える技術を身に付けよう

◆落ち込んだりイライラするのは当然

ときどき個人投資家から「どうすれば、メンタルを鍛えることができますか?」という質問をいただくことがあります。

私は精神科医でもなければ、心理カウンセラーでもありませんので、どうすればメンタルを鍛えられるかという質問に答えることはできません。

素朴な疑問ですが、メンタルは鍛えられるものなのでしょうか?

もっと言えば、メンタルを鍛える必要があるのでしょうか?

私自身、別にメンタルが強いとは思っていません。トレードがうまくいかなくて落ち込むこともありますし、時にイライラすることだってあります。一部の天才トレーダーは別として、デイトレードという心理的に負荷のかかることをやっていれば、落ち込んだり、イライラすることはあって当然だと思っています。

なので私は、そういうことを避けるのではなく、受け入れながら気持ちを整えることをすべきだと考えています。

例えばトレードがうまくいかず心理的なダメージを受けたなら、いったんポジションをすべて決済して、外に出て散歩するとか、カフェでコーヒーを飲むとか、まったく違う場所に移動することをお勧めします。最近では科学的にストレスを軽減させることが証明されている「マインドフルネス」をやってみるのも良いかもしれません。

私事なので、あまり参考にならないかもしれませんが、私のオフィスには、ちょっとしたトレーニング器具を置いていて、気持ちが落ち着かない時には軽い筋トレをしたりして、なるべく頭と体を違う方向に向けようとしています。結局、このような行動をすることで、心理的にリセットされて新たな気持ちで相場に向き合えると思います。

◆「メンタルを鍛える」のではなく「気持ちを整える」

相場では落ち込むこともあれば、イライラすることもあります。これを避けることは難しい……。なので「メンタルを鍛える」のではなく「気持ちを整える」技術を身に付けてください。

04 目標を決めておこう

◆何かをやろうとする時は必ず「目標」が必要

投資に限らず、あらゆる場面で「目標を持つ」ことはとても大切なことです。

例えば、ビジネスの世界であれば、経営計画を立案し、今期の売上目標、利益目標を必ず立てることになります。

またアスリートの世界なら、オリンピックに出場する、ワールドカップで優勝するなど目標を立て、それに向けて計画を立てて必死で努力するでしょう。

私も経験がありますが、ダイエットをする場合は、いつまでに目標体重を達成させるなど、何かをやろうとする時、そこには必ず「目標」があるものです。

しかし不思議なことに、投資で具体的な「目標設定」をしている個人投資家は極めて少数であるのが現実です。

◆ノートに書いてブラッシュアップしていこう

したがってこれからデイトレードを始める時、必ず「目標設定」をしてください。別に難しく考える必要はありません。

いったい自分はデイトレードで、毎月どれくらいのリターンを求めているのか？ 年間でいくら、そして最終的にどうなりたいのか？

まずは今持っているイメージで良いので、ノートを1冊用意して書いてみることを強くお勧めします。

ある程度、時間が経過し、デイトレードで結果が出始めると、以前とは違った目標が出てくると思うので、その時は新たな「目標設定」をノートに書いてみましょう。そうやってどんどんブラッシュアップすることで、本当にあなたが目指していることが顕在化されてくると思います。

まずは「目標を決める」ことから始めてみましょう。

05 すぐに〝あきらめない〟こと

◆エントリーした直後は多少マイナスになるのが普通

デイトレード初心者が、必ずと言っていいほど「ぶち当たる壁」があります。

それは〝お金が減ることへの恐怖心〟です。

デイトレード初心者は、損失に対して過剰なまでの恐怖心があるようです。

私が主催している「デイトレード講座」では、取引時間中にＺＯＯＭを使って、実際に私がトレードをしているところを見てもらいながら質問を受けるということをやっているのですが、リスクに敏感になりすぎて、１００円、２００円のマイナスでさえ、恐怖心を感じて、あきらめてしまう方がいます。

はっきり言いますが、エントリーした直後からマイナスにならず、ずっとプラスになるなんてことはほとんどありません。たいていは、エントリーした直後は、多少マイナスになるのが普通です。それが耐えられなくて、あきらめてしまうことほど、もったいないことはありません。

◆当たり前のことを当たり前にやれば勝てる

デイトレードは、当たり前のことを、当たり前にやれば勝てる手法です。

ルールを無視し、自己流で行ったばかりに「やっぱりデイトレードなんてうまくいかないね……」というのは極めてナンセンスだと思います。

うまくいかないなら、その原因を突き止め、改善することをご自身で考えてみてください。必ずそこに成功への答えがあるはずですから。

06

トレードの記録をつけよう

◆毎日の記録で得られるものは大きい

私が初心者デイトレーダーに一番強く勧めているのが「毎日のトレード記録をつけること」です。日々のデイトレードについて、次のことを書き残しておきましょう。

・取引した日付
・銘柄
・エントリーした理由
・決済した理由
・損益
・改善策

毎日、日々の結果を記録することは、大変な作業で、はじめはきちんと記録していても、何かのきっかけで続かない人がほとんどかもしれません。しかし、コツコツ記録をつけている人と、何も記録をつけていない人では、トレード力に圧倒的な差がついてしまいます。毎日トレードの記録をつけることで得られるものは想像以上に大きいのです。

◆ストレスのかからない手書きでOK

トレードの記録をつけることの一番のメリットは、自分の得手不得手や、トレードのクセ、改善策を立てやすくなることです。

改善策が見つかれば、それを元に実際のデイトレードで試すことができます。そうすることで、どんどんトレードの精度が高まり、利益が増えていくのです。

記録をつけていくうえで、50代以上の方については、ノートを使うのが良いと思います。エクセルでも良いのですが、手書きのノートほど自由度はありませんし、50代以上の方は、パソコン操作が苦手な方も多いでしょう。

トレードの記録はできるだけ、ストレスのかからない方法でやるべきだと思います。

07 結果をすぐに出そうと思わない

◆初心者はまずデイトレードに慣れることを念頭に

最近、投資に関するノウハウが出回っていることもあり、初心者の中には「ノウハウさえ身に付ければ、すぐに結果が出る」という間違った認識を持つ人も多いようです。そのため、すぐに結果が出ないと、ものすごくガッカリするといったことがあるようです。

しかし株式投資の世界では、プロの投資家やアマチュア、初心者をはじめ、最近ではＡＩトレードシステムが市場に参加して、しのぎを削っています。昨日今日デイトレードを始めた初心者がすぐに成功できるほど、甘い世界ではありません。

勝てるようになるためには、それなりのプロセスを経ることが必要です。

昨日から野球を始めた人が、いきなりメジャーリーグで活躍できることはありえないことですし、一般のお仕事でも新入社員は研修を受け、現場でもまれながら仕事ができるようになるものです。

なので、すぐに結果を求めるのではなく、まずはデイトレードに慣れることを念頭に置きましょう。

経験値を上げることが、成功への近道だと思います。

株価指数や為替市場など市場全体の動きも見ておこう

◆日経平均株価への寄与度の高い銘柄に注目

日本を代表する株価指数は日経平均株価やＴＯＰＩＸになりますが、私は、この株価指数の動きからデイトレードの銘柄を探すことがあります。

日経平均株価は２２５銘柄で構成されており、この２２５銘柄のうち、ファーストリテイリング（ユニクロ）、東京エレクトロン、ＴＤＫ、信越化学など日経平均株価に影響力（寄与度）の高い銘柄が存在します。図は、２０２４年5月2日時点での日経平均の「寄与度ランキング」です。

これは日経平均株価への寄与度の高い銘柄が動けば、日経平均株価の動きも大きくなるということを意味しています。

ご覧の通り、日経平均株価への寄与度の高い銘柄は、株価の高い値嵩株が中心です。

最近では、日経平均株価の1日の変動幅が大きくなっており、寄与度の高い銘柄に対して

日経平均の「寄与度ランキング」

日経平均の寄与度ランキング

【注】日経平均の変動幅に対する構成銘柄別の寄与度ランキング

日経平均	38,236.07(-37.98)	値上がり銘柄数(100)	値下がり銘柄数(123)	変わらず(2)

1 2 3 4 5 次へ> 50件　株価更新

2024年05月02日 16:00現在 225銘柄

コード	銘柄名	市場		株価	前日比		寄与度	PER	PBR	利回り
9983	ファストリ	東P		40,820	-370	-0.90%	-36.29	39.1	6.24	0.86
6762	TDK	東P		6,943	-218	-3.04%	-21.38	20.6	1.54	1.73
4063	信越化	東P		5,989	-85	-1.40%	-13.89	−	2.81	−
6857	アドテスト	東P		5,107	-35	-0.68%	-9.15	56.3	8.75	−
8058	三菱商	東P		3,544.0	-90.0	-2.48%	-8.83	15.2	1.60	2.82
6981	村田製	東P		2,798.0	-77.5	-2.70%	-6.08	22.5	2.07	1.93
4578	大塚HD	東P		6,382	-179	-2.73%	-5.85	13.9	1.38	1.88
6988	日東電	東P		12,850	-165	-1.27%	-5.39	18.2	1.85	2.18
9735	セコム	東P		10,690	-165	-1.52%	-5.39	23.9	1.90	1.78
6594	ニデック	東P		7,254	-165	-2.22%	-4.32	25.3	2.54	1.10
7203	トヨタ	東P		3,581.0	-24.0	-0.67%	-3.92	10.7	1.48	−
7741	HOYA	東P		18,225	-210	-1.14%	-3.43	38.5	7.25	−

※出所：株探

投機筋が仕掛けているということも起こっているようです。であるなら、それを逆手にとって日経平均株価の変動が大きい時に、寄与度の高い銘柄に対してデイトレードを仕掛けるという手もあります。

◆「ドル／円」レートも株価に影響する

また、外国為替市場で取引されている「ドル／円」レートも株価には一定程度の影響を及ぼします。

一般的に日本の中心産業は輸送用機器など自動車関連銘柄と言われていますが、円安になればこれら輸出産業は利益が大きくなるので、株価にプラスと解釈されることから日経平均株価が上がりやすくなる傾向にあります。

日経平均株価やドル円などの動きを観察することによって、デイトレードの〝打ち手〟が増え、チャンスが広がるのです。

成功するまで続けること

◆すべてを失っても再起できる

第1章の冒頭でもお伝えしていますが、私は事業に失敗して40代半ばで、全財産と仕事、顧客、社会的信用など、すべてを失った過去があります。「いっそ、死んでしまおうか……」なんて思ったことも何度もありました。

でも、あきらめの悪い私は「株式市場で再起する」という、もっとも過酷な道を選択する〝決断〟をします。

しかし「再起」と言っても、すべてを失った私には〝茨の道〟です。大きなマイナスからのスタートは、想像を絶するほど困難を極めました。いろんなものが私の目の前に大きな〝壁〟となって行く手をすべて塞いでいき、まさに〝八方塞がり〟の状態に陥り、心は焦るばかりでした。

「この状態から抜け出すにはどうすればいいのか……」と毎日、真剣に考え抜いた結果、

「再起」への軍資金〝100万円〟に目標を定め、とにかく必死で働きました。アルバイトから帰ってきて、ヘトヘトになりながら、過去行ってきた膨大な量の取引を検証する日々が続きました。

しかも、限られた時間の中での検証作業だったため、検証作業は難航します。

「本当に、この検証作業は意味があるのだろうか……」

「何もアイデアが出なければ、どうすればいいのか……」

膨大な資料を目の前にして、自分自身と格闘する日々が過ぎていきました。

そしてやっとの思いで〝100万円〟を保証金にして、倒産から約10カ月後の2009年1月、株式市場への〝復活〟を果たし、半年後には資金を約2倍以上にしたのです。

そして増えた資金を使って、私の経験、知識、スキルを一般個人投資家に役立ててもらおうと、インターネットを使った株式投資のオンライン・スクールを行うため、2010年10月に新会社を設立し、現在にいたります。

◆どんな状況にあっても突破口は必ずある

だから、本書を手に取っているあなたが今現在、厳しい環境にあったとしても、八方塞がりだと感じているとしても、「もう、だめだ！」と、あきらめないでください。

私は「どんな状況にあっても突破口は、必ずある」と思っています。

人は厳しい環境に置かれると視野が狭まり、もっと周りを見渡せば突破できる方法があるのに、それに気付かないことが起こります。

でも自分がいる環境を変えれば、今まで見えなかったものが見えるようになり、それが苦しい状況から抜け出す手掛かりになるのです。そして、ほとんどの場合〝本気〟になってことを起こせば、たいていのことは実現可能なものばかりなのです。

このことに早く、気付いていただければと思います。

最後に私がお伝えしたいこと。

それは……「成功するまで続けること」。

この言葉には、とても強力なパワーが秘められています。

あなたが望む人生を、あなた自身の力で掴み取っていただきたいと思います。

おわりに

◆老後破産は今や社会的問題

２０１４年、ＮＨＫスペシャルで放送されたシリーズ「老人漂流社会」では、これまで日本を支えてきた「団塊の世代」の高齢化が急速に進み、その多くが貧困に直面している実態が伝えられました。

この番組の中で私がショックを受けたのが「老後破産」というキーワードです。

「団塊の世代」とは１９４７年から１９５１年に生まれた戦後世代で、人口的に一番ボリュームのある世代です。日本の経済成長を背景に、正規雇用、終身雇用制で経済的に余裕のある世代とされてきました。事実、途中までは給与は年々上昇し、多額のボーナスも支給されていた時代だったのです。そのため、住宅・自動車ローンといった長期の負債を抱えていた人も少なくありませんでした。

しかし、90年代のバブル崩壊に直面したことで状況が一変します。年々上がっていた所得や退職金は減少し、預金を切り崩しながら、破産寸前の生活を強いられる人も少なくないことが浮き彫りになったのです。

また、現在ちょうど50代にあたる「団塊ジュニア世代」は、バブル崩壊の煽りから「就職氷河期」に直面し、雇用も不安定でギリギリの暮らしを余儀なくされている現実が明らかになりました。かく言う私も１９６４年（昭和39年）に生また団塊ジュニア世代です。

◆多くの50代が「お金に縛られる人生」を過ごしている

そして、あるアンケート調査では、団塊世代、団塊ジュニア世代の半数以上は「生活のために働いている」と回答しているということでした。つまり今、50代以上の多くが「お金に縛られる人生を過ごしている」という現実があるということです。

これは私にとって、決して他人ごとではありません。

第１章でお伝えしたように私自身、バブル崩壊、大規模なリストラなど、日本経済のどん底を経験し、その上、事業に失敗して40代半ばで「破産」を経験し、経済的破綻に追い込まれました。それが、どれだけ辛くて大変なことなのか身をもって経験しました。

そんな私の人生を救ってくれたのが「株のデイトレード」だったのです。

◆「お金に縛られる人生」から一刻も早く脱出しよう！

私が本書で、50代以上の方に一番伝えたいメッセージは「絶対に人生をあきらめないでほしい」ということです。

そして「お金に縛られる人生から脱出してほしい」ということです。

もし仮に現在、厳しい環境にあったとしても、八方塞がりだと感じているとしても、「もう、だめだ！」と、あきらめないでください。人間は厳しい環境に置かれた時、どんどん視野が狭まります。もっと周りを見渡せば、その環境を突破できる方法があるのに、狭い視野で考えるあまり突破できないことがたくさんあるのです。

人間の「脳」は、ある〝決断〟を下した時、思考も行動も、すべてが〝決断した方向〟に向いて動き出します。

どんな状況にあっても「突破口」は、必ず存在するのです！

なので、絶対にあきらめてはなりません。ほとんどの場合〝本気〟になってことを起こせば、たいていのことは実現可能です。私は身をもって、それを経験してきました。

もし本書を通じて「お金に縛られる人生をやめよう」と決断したなら、私と共に「株のデイトレード」を成功させませんか？

あなたが、豊かで最高の人生を過ごされることを心から願っております。

２０２４年8月

紫垣　英昭

紫垣流「先読みデイトレ実践塾」塾生の声

私が運営している「【紫垣流】先読みデイトレ実践塾」では、６カ月の間、私がフルサポートで直接デイトレードで稼ぐ方法を指導しています。そこでデイトレードを学び、成果を出してきた投資家の声をご紹介します。

すべてが学びになりました。その中でも特に学びが多かったと感じたのは、株式市場が開始する午前9時から午後3時までで活発な取引時間を狙う戦略や具体的な銘柄の選び方、エントリーの方法、利益確定のポイント、そして資金管理の技術です。先読みデイトレ実践塾のコンテンツをしっかり学べば、自然と利益になる流れを経験できます。入塾後、月30万以上の利益を継続的に達成できています。

――西山さん（男性／40代／専業トレーダー）

先生からは、さまざまな手法を自分の生活に合わせるのではなく、自分の生活を最優先に考えることを教わりました。そして、それに基づいて行動計画を立てるようになりました。当たり前のことかもしれませんが、今までわからずに投資をしていたんです。この学びがあったおかげで精神的に安定し、前向きになりました。スタッフや先生は非常に親しみやすく、話しやすいですね。他の多くの人にもこの場所をお勧めしたいと思っています。

――松村さん（女性／60代／主婦）

大きな学びは、損切りと資金管理の重要性ですね。プロから提示された手法を実践し始めてから、その通りにトレードすればうまくいくということを実感しています。困難に直面した際はプロの教えを求めることで、より効果的に問題を解決し、安定したトレードが可能になると思います。

――青山さん（男性／50代／会社員）

ネット上にさまざまな投資塾がある中でも、紫垣先生の教えは私にとって目から鱗が落ちるような体験でした。先生の手法に触れ、高齢の自分でもこれなら続けられるという確信を持てたんです。これまでの学びが何だったのかと自問自答するほど、紫垣先生の手法に対して可能性を感じました。紫垣先生の教えはわかりやすく、どんな年齢の人にも実践可能な内容でした。また、サポートスタッフもとても親切な対応をしてくれるため、深く信頼していますね。

——池田さん（女性／70代／主婦）

紫垣先生の指導を通じて、コツコツと取り組むことの重要性と損失を素早く切ることの大切さを学びました。それを実践することで長く続けられると思います。普段から先生が実際に見せるトレードスタイルや、教室での説明はとても理解しやすい内容だと思います。紫垣先生のざっくばらんな人柄は、初心者にとって安心感のある環境でありがたいです。

——鴻斉さん（男性／60代）

特に、この4月にはかなりの利益を達成しました。その後の5月と6月には利益が減少し、7月には家庭の事情であまり取引ができませんでしたが、トータルだとかなりの利益を上げられました。総額で言えば何十万という額ですね。毎日5000円でも、1万円でも良いから利益を出すことが重要だと思います。先読みデイトレ実践塾で努力し頑張れば、誰でもできると思います。

――矢野さん（女性／50代／主婦）

ここでご紹介したのは実際に私のスクール（塾）で学んでくれた人たちの声であり成果になります。投資未経験の人であったり、私より先輩である年齢の方もいらっしゃいます。80歳以上で元気良く学ばれてる方も多数です。

そんな方でも成果が出せたのは、間違いなく「学び」という選択をしたから。ですから、あなたもこれからトレードで勝てるようになりたいのであれば、本書をきっかけに、積極的に学びを深めてください。

Present

勝率89・2%のデイトレ手法を無料動画でも学んでみませんか?

今回せっかく書籍を手に取っていただいた方には、この書籍に記している手法や私の投資法をしっかりマスターしてほしいと思っています。そこで、書籍だけでは伝えきれてない部分や、もっと深い秘密の手法を簡潔に3つの動画にまとめさせていただきました。

デイトレ攻略オンライン講座

全3本の無料動画を視聴できる限定案内

読み込みは
こちら

※カメラで読み取った後にメールアドレス入力でご案内が届きます。

こちらのQRコードをスマホのカメラで読み取ってメールアドレスを入力してもらえれば、デイトレ攻略を可能にした限定動画をお送りするので、ぜひ学んでみてください。総勢3万人以上が学んだことのある動画講座です。

株歴36年で培ったデイトレの英知を詰め込んだ手法です。メールやLINEでも学習できる内容を送りながら動画でも学べるので、ぜひ楽しみながら学んでいきましょう。

※本サービスは著者が独自に提供するものです。出版元は一切関知いたしませんので、あらかじめご了承ください。

■著者プロフィール
紫垣 英昭（しがき・ひであき）

◎オープンエデュケーション株式会社代表取締役。株式会社まねなび専任講師。中小企業金融制度施策の金融新戦略検討委員会（大阪府）。株式投資歴36年以上の元証券ディーラー。
◎1964年生まれ、大阪府出身。1987年、拓殖大学卒業。大東証券（現・みずほインベスターズ証券）へ入社し、証券ディーラーとして活躍した後に独立。2001年、金融情報サービス会社を立ち上げるが、2008年に運用委託先が吹っ飛んで倒産。2009年に株式市場への復活を果たし、現在は株式トレーダーとして毎月安定した売買益を得る。2010年にオープンエデュケーション株式会社を設立し、株式投資のオンライン・スクールを開始する。
◎主催の株式セミナーでは、証券会社時代に培ったスキルを活かし、投資初心者でも理解できる株式投資、日経225先物、FX等の売買法を指導。受講生は4000人以上。また、個人投資家向けに情報を配信する「株達人ドットコム」を運営。
◎著書に『億を稼ぐ投資法則』『少額資金で儲ける株ゴールデンルール』（以上、ユウメディア）、『初心者でもがっぽり儲かる大化け「低位株」投資法』（幻冬舎）がある。証券新報社の「株式プロ指南」コーナー（毎週火曜）を担当。

●書籍コーディネート　インプルーブ 小山 睦男

50代でも間に合う！ 株デイトレード入門

発行日　2024年 9月 8日　第1版第1刷
　　　　2025年 5月21日　第1版第6刷

著　者　紫垣　英昭

発行者　斉藤　和邦
発行所　株式会社　秀和システム
〒135-0016
東京都江東区東陽2-4-2　新宮ビル2F
Tel 03-6264-3105（販売）Fax 03-6264-3094
印刷所　三松堂印刷株式会社　Printed in Japan

ISBN978-4-7980-7355-2 C0034

定価はカバーに表示してあります。

乱丁本・落丁本はお取りかえいたします。

本書に関するご質問については、ご質問の内容と住所、氏名、電話番号を明記のうえ、当社編集部宛FAXまたは書面にてお送りください。お電話によるご質問は受け付けておりませんのであらかじめご了承ください。